殉國處女
柳寬順傳

일러두기 : 이 책은 1948년 3월 1일 수선사에서 초판 발행한 판본을 기본으로 하였으며, 현대식 맞춤법에 따른 표기 외에는 원문을 그대로 실었다. 다만 독자들의 이해를 돕기 위해 단어해설을 각주 처리하였다.

순국처녀 유관순전

지은이 / 전영택
펴낸이 / 조은경
편　집 / 이부섭
디자인 / 박민희
펴낸곳 / 늘봄

등록번호 / 제300-1996-106호(1996년 8월 8일)
주소 / 서울시 종로구 동숭4길 9
전화 / 02-743-7784
팩스 / 02-743-7078

초판발행 / 2015년 3월 1일

ISBN 978-89-6555-036-5 03990

※ 값은 표지에 있습니다.

이 도서의 국립중앙도서관 출판예정도서목록(CIP)은 서지정보유통지원시스템 홈페이지(http://seoji.nl.go.kr)와 국가자료공동목록시스템(http://www.nl.go.kr/kolisnet)에서 이용하실 수 있습니다.(CIP제어번호: CIP2015002468)

조선의 잔 다르크 유관순을 '처음' 세상에 알린
늘봄 전영택의 1948년 원본

순국처녀 유관순전

늘봄 **전영택** 지음

늘봄 **전영택**田榮澤(1894~1968)

소설가, 목사. 1894년 1월 18일 평양 사창골에서 부친 전석영과 모친 강순애의 4남4녀 중 셋째 아들로 태어났다. 1910년 평양 대성중학 3년을 중퇴하고 1918년 아오야마학원 문학부를 졸업하였으며, 이 학교 신학부에 다시 입학하였다. 김동인 · 주요한 · 김환 등과 문예지 『창조』의 동인이 되어 문단 활동을 시작하였다. 감리교신학대학교 교수를 지냈으며, 문교부 편수국 편수관(1946), 재일본 동경한국복음신문 주간(1952), 대한기독교 문서출판협회, 기독선교회 편집국장(1952) 등 학계 · 언론계에도 종사하면서 1961년에는 한국문인협회 초대 이사장을 지내기도 하였다. 1963년 대한민국 문화포장 대통령장을 받았다.

대표작 「화수분」은 당시 신경향파 작가들이 즐겨 다루는 소재였음에도 도식적인 사건 처리가 아닌 인간의 원시적 온정과 생명에 대한 외경畏敬을 사실적 · 상징적으로 그려낸 작품이다.

천치(天痴)? 천재(天才)?(1919), 독약을 마시는 여인(1921), K와 그 어머니의 죽음(1921), 흰닭(1924), 화수분(1925), 소(1950), 새벽종(1955), 쥐 이야기(1956), 집(1957), 아버지와 아들(1957) 등의 단편과 논설집 생명(生命)의 개조(改造)(1926), 전기 순국처녀 유관순전(1948), 조만식 선생(1967), 도산 안창호 선생(1967), 수필집 의(義)의 태양(太陽)(1955), 창작집 하늘을 바라보는 여인(1958), 전영택창작집(1965) 등을 남겼다.

① 1948년 수선사에서 발행한 표지.

② 날개에 사용된 유관순 열사 사진.

③ 속표지.

④ 1953년 숭문사에서 증보판으로 발행된 표지.

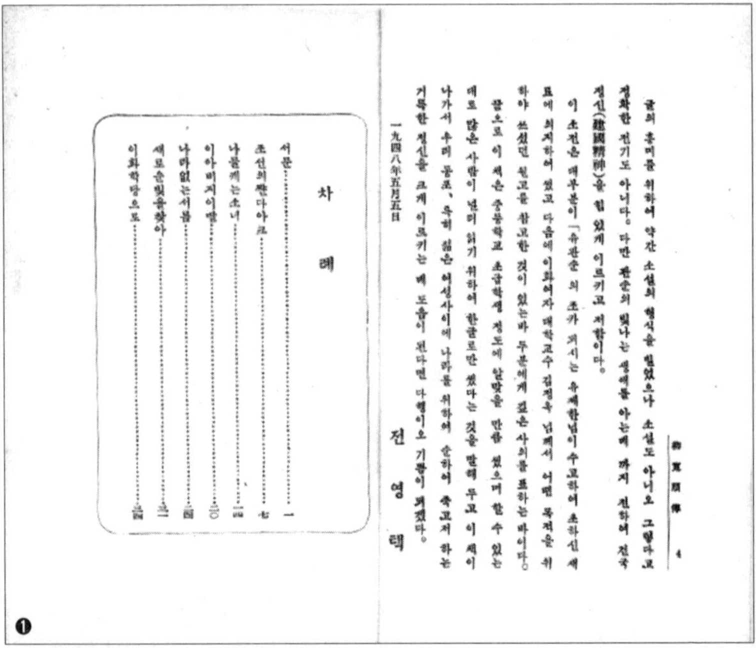

劉寬順傳 4

글의 흥미를 위하여 약간 소설의 형식을 빌었으나 소설도 아니오 그렇다고 정확한 전기도 아니다。다만 관순의 빛나는 생애를 아는데 까지 전하여 건국정신(建國精神)을 힘 있게 이르키고 저함이다。

이 소전은 대부분이「유관순」의 조카 되시는 유제한님이 수고하여 초하신 재료에 의지하여 썼고 다음에 이화여자 대학교수 김정옥 님께서 어떤 목적을 위하야 쓰셨던 원고를 참고한 것이 있는바 두분에게 깊은 사의를 표하는 바이다。

끝으로 이 책은 중등학교 초급학생 정도에 알맞을 만큼 썼으며 할 수 있는데로 많은 사람이 널리 읽기 위하여 한글로만 썼다는 것을 말해 두고 이 책이 나가서 우리 동포、특히 젊은 여성사이에 나라를 위하여 순하여 죽고저 하는 거룩한 정신을 크게 이르키는 데 도움이 된다면 다행이오 기쁨이 되겠다。

一九四八年五月五日 전영택

차례

① 1948년 수선사판의 서문과 차례 일부.

② 유관순 열사가 다녔던 당시의 이화학당 모습.

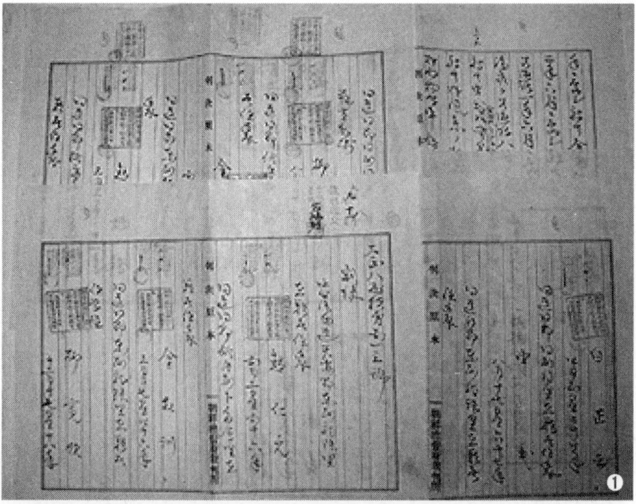

① 경성복심법원의 재판기록문.
② 서대문형무소의 수형자 기록표.

① 1996년 이화여자고등학교에서 받은 명예졸업장.
② 1991년에 복원된 병천면 용두리 생가.

머리말 : 세계에 대한 우리의 자랑

시방 우리나라에 제일 큰 근심거리가 되는 것은 우리 겨레의 사상이 혼란하여 통일되지 못하고, 청년남녀의 정신이 떨어지고 해이한 것이라고 할 수 있다. 무엇보다도 일반 청년 사이에 나라를 사랑하는 거룩하고 뜨거운 마음이 부족하고 떨어져가는 듯이 보이는 것이 가장 걱정되는 일이다.

그런데 우리가 기미년 독립운동 당시에 십육 세 소녀 유관순이 깨끗하고도 굳센 애국정신을 가지고 용감스럽게 싸우다가 마침내 생명을 바쳐서 나라를 위해 순한[1] 사실을 가졌다는 것은 진실로 세계에 대한 우리의 자랑거리다.

---

1) 목숨을 바치다.

이제 선배 전영택 님께서 그 소전을 저술하여 간행하게 된 것은 매우 기쁜 일이요, 겸하여 뜻있는 몇 분이 '유관순기념사업회'를 발기하여 여러 가지 귀한 사업을 경영하면서 본인에게 회장의 중임을 가지고 또 회장으로 이 소전의 책머리에 한마디 서문을 쓰게 된 것을 나는 큰 영광으로 생각한다.

바라건대 이 소전이 세상에 나가서 떨어진 청년의 애국심을 향상시키고 한걸음 나아가서 청년 학생들로 하여금 순국정신을 기르는 데 많은 도움이 되어지기를…….

1948년 1월 20일
유관순기념사업회장
문교부장 오천석

서문 : 겨레를 위한 거룩한 정신을 일으키는 계기가 되기를

'유관순'은 우리 역사에서 길이길이 잊지 못할 빛나는 존재다. 사십 년 왜정의 역사가 낳아준 놀라운 인물이 많은 가운데 유관순은 가장 아름답고 가장 슬픈 생애를 가졌으니 온 세계에 널리 전하고 자랑할 만한 이름이다.

이러한 것을 해방 후에 비로소 발견한 우리는 하루 바삐 우리 삼천만 동포에 알리고 싶고 특별히 우리 젊은 여성들과 여학생들에게 알리고 싶은 나머지 조사와 연구가 부족한 것을 돌아보지 않고 시급히 이 소전[2]을 써 놓았다. 다만 앞으로 완전한 전기가 나오기를 바랄 뿐이다.

글의 흥미를 위하여 약간 소설의 형식을 빌렸으나 소

2) 줄여서 간략하게 적은 전기.

설도 아니요, 그렇다고 정확한 전기도 아니다. 다만 관순의 빛나는 생애를 아는 데까지 전하여 건국정신을 힘 있게 일으키고자 함이다.

이 소전은 대부분이 유관순의 조카 되시는 유제한 님이 수고하여 초하신[3] 재료에 의지하여 썼고 다음에 이화여자대학 교수 김정옥 님께서 어떤 목적을 위하여 쓰셨던 원고를 참고한 것이 있는 바 두 분에게 깊은 사의를 표하는 바이다.

끝으로 이 책을 중등학교 초급학생 정도에 알맞을 만큼 썼으며 할 수 있는 대로 많은 사람이 널리 읽게 하기 위하여 한글로만 썼다는 것을 말해 두고, 이 책이 나가서 우리 동포, 특히 젊은 여성 사이에 나라를 위하여 죽고자 하는 거룩한 정신을 크게 일으키는 데 도움이 된다면 다행이요 기쁨이 되겠다.

1948년 5월 5일

늘봄 전영택

3) 글씨를 베껴 기록하다. 초록하다.

차 례

1. 조선의 잔 다르크

마음대로 뻗어나가고 힘껏 자라려고 하는 땅속의 숨은 힘을 누가 능히 막으랴. 죽음과 같이 쓸쓸하고도 세찬 겨울, 땅 위에 만물을 얼음으로 뒤덮고 얽매였던 겨울도 꿈결같이 물러가고 아름다운 새싹이 굳은 땅을 뚫고 머리를 들고 나오기를 시작하는 첫 봄이었다.

온 서울 장안이 깊은 잠에 들어 고요하고, 이른 봄 하늘에 북두칠성이 북악산 머리에 걸려 있는데 이화학당 기숙사 학생들은 아직도 천진스러운 꿈을 꾸고 있는 새벽이었다. 남대문 정거장 편에서 기적소리가 한 번 길게 밤하늘을 울리고는 온 학교가 어두움과 침묵에 잠겼을 때에, 강당 한 모퉁이에서는 사뿐사뿐 가벼운 발걸음 소리가 들리자 잠깐 사이를 두고 맑고도 힘 있고 울음 섞인 음성이 들린다. 시간 지나는 줄도 모르고 잠깐 끊어졌다가는 다시 이어지고 낮았다가도 다시 더 높아지는 음성은 글 읽는 소리도 아니요, 더구나 사람끼리 주고받는 말도 아니었다. 땅 위의 한 깨끗한 혼이 하늘을 향하여 부르짖는 기도의 음성이었다.

"오 자비하신 하나님! 이 백성은 어찌하여 하나님께서 주신 조상나라를 잃어버리고 남의 압제를 받고 있사옵나이까? 부디 불쌍한 이 백성을 돌아보시옵소서. 하나님 아버지시여! 이 자식을 세상에 보내셨사오매 밥만 썩이다[4]가 죽는 가없는[5] 인생이 되지 말게 하시고 나라를 위하여 목숨을 바쳐서 일하다가 깨끗하게 죽게 하옵소서. 조국을 위하여 이 목숨을 바치옵나이다."

아직도 어슬어슬한 새벽에, 마룻바닥에 펑하니 고인 눈물을 씻고 제 눈에 어린 눈물을 씻으면서 일어나서 고개

---

4) 축내다.

5) 그지없다. 헤아릴 수 없다.

를 숙이고 나오는 학생은 겨우 열여섯 살이나 넘은 듯한 어린 소녀였다.

'자유, 자유, 하나님께서 주신 우리의 자유는 총이나 칼도 어찌하지 못한다. 제 아무리 강하고 큰 권력이라도, 살려고 하는 힘은 어찌하지 못한다.' 소녀는 지난저녁에 학교 뒤에 있는 성당의 한 모퉁이 큰 돌 밑에서 파란 새싹이 뻗어 나오는 것을 보던 일을 생각하고 서쪽 하늘에 반짝이는 별을 바라보고 이렇게 중얼거리면서 방긋이 웃음을 머금고 신선한 아침 공기를 힘 있게 호흡하였다.

이렇게 날마다 날마다 남들이 다 잠자는 캄캄한 밤중에, 무서운 줄도 모르고 일어나서 한방의 동무도 모르게 강당으로 가서 울면서 울면서 나라를 위하여 간절히 기도하기를 그치지 아니하는 사람은 충청도에서 온 고등과 일학년 학생 유관순柳寬順이었다. 이리하여 관순은 이 어린 몸이나마 나라에 바친 몸으로 신 앞에 서약을 하였다. 그리하여 조선의 잔 다르크로 우리 역사를 빛냈다.

때는 세계의 역사가 한 번 바뀌고 또 세계의 지도를 한 번 변하게 한 제1차 세계대전이 일어난 다음 해인 1919년

2월 그믐께 날이었다. 이로부터 십 년 전에 우리 조국은 일본의 침략을 받아 나라를 잃어버리고, 우리 동포가 왜적에게 억울한 압제를 받으면서 코 꿰인 짐승처럼 비참하게 살아왔다. 그러다가 온 세계가 움직이고 그중에도 강국에게 눌려 살던 약소국[6] 백성들이 꿈틀거리고 일어나기를 시작하던 세계의 봄을 당하여 힘차게 일어나서 씩씩하게 움직이기를 시작한 바로 기미년 만세운동이 바야흐로 일어난 때였다.

"제 나이는 비록 어리지마는 저도 나라를 위하는 정성은 남만 못하지 아니합니다. 무슨 일이든지 언니들 시키시는 대로 목숨을 아끼지 않고 거행하겠어요."

선생들과 상급생 언니들이 심상치 아니한 모양으로 수군수군 하고 수선수선 하고 있는 모양을 본 관순은 이렇게 담대하게 자기 뜻을 말하였다. 그리하여 관순은 이화학교에서도 극소수의 사람이 참례한 특별 결사대에 참가하였다.

이튿날 삼월 일일, 마침내 독립만세 운동이 터져 나왔다. 상급반 언니들은 교장이 굳이 만류하는 것도 듣지 않

6) 정치, 경제, 군사적으로 힘이 약한 작은 나라.

고 틈틈이 뿔뿔이 달아나서 그 운동에 참가하는 것을 알고 관순도 어느 틈에 밖으로 나가서 무지하고 악착한[7] 왜적의 경계와 탄압 가운데 용감스럽게 다니면서 만세시위 운동과 어떤 귀중한 사명을 다하였다.

관순은 변복[8]을 하고 서울 장안 각처로 다니면서

1. 왜국 관청에 세금을 바치지 말아라.
2. 한인 관리들은 일체 사직하라.
3. 철시를 하라.

하는 등 불합작운동[9]의 삐라를 그는 가장 많이 돌렸다.

그러나 신의 택함을 입은 관순이 빛나게 나타나기는 실상 그 다음 장면이었고, 우리 민족이 영원히 잊지 못할 역사적 사명을 다한 것은 이로부터 한 달 뒤에 고향에서 시작된 충남 유관순 사건이었다.

이화학교에서도 총독부의 명령으로 다른 학교와 같이

---

7) 일을 해나가는 태도가 매우 모질고 끈덕지다.

8) 남이 알아보지 못하도록 평소와 다르게 옷을 차려입음. 또는 그런 옷차림.

9) 不合作運動. 일제강점기 때 쓰던 말로, 일본이 정한 법에 따르지 않겠다는 뜻. 요즘은 흔히 비합법운동이라 쓴다.

임시방학을 하게 되고 선생들과 학생들은 서로 눈물로 작별하고 각각 고향으로 돌아갔다. 그리하여 조선의 잔 다르크는 이윽고 충청남도 지령산 위에 나타났고, 그리고 아우내장터의 끓는 피가 뛰는 만세운동 가운데 나타났다.

그리고 그 다음에는 천안과 공주거리에, 서울 서대문 감옥에서 그의 최후를 마칠 때까지 그는 살아서 움직이는 조선의 빛나는 혼이요 생명이었다.

관순은 어린 몸이 살아서 한 일보다도, 차라리 죽기를 무서워하지 않고 싸우다가 마침내 그 천사같이 깨끗한 생명을 바쳐 죽음으로 거의거의 죽어가는 조선의 애국적 생명을 소생케 하여 오늘의 해방과 광복이 오게 한 조선의 잔 다르크다.

2. 나물 캐는 소녀

근역[10] 삼천리에도 봄이 돌아와서 동네마다 농부들은 밭 갈기에 바쁘고, 산에는 진달래 들에는 오랑캐 민들레가 곱게 피었다.

천안군(구 목천) 지령리란 평화스러운 동네에도 살구꽃 붉게 피고, 신이화 노랑꽃 활짝 피어 아지랑이 어리운 언덕과, 냇가에 쌍을 지어 나물 캐러 다니는 소녀들이 기쁜 듯이 노래를 부르고 있다.

일곱 살 먹은 관순이는 아침 일찍이 일어나서 동무들과 같이 동네 앞 냇가에 나가서 정신없이 이야기를 하면서 나물을 캐고 있다. 소녀들은 관순이 가는 대로 이리저

10) 무궁화가 많은 땅이라는 뜻으로, 우리나라를 이르는 말.

리 움직이고 있고 관순은 가끔 작은 아이에게 제 나물을 나누어 준다.

"관순아, 관순아."

부르는 것은 분명히 착하신 아버지의 목소리였다. 관순은 나물바구니를 들고 달음박질로 아버지를 향하여 갔다.

"들어가자. 오늘이 삼월 보름날, 네 생일인줄 모르느냐? 너의 어머니는 새벽부터 일어나서 너 좋아하는 인절미를 하고, 닭을 잡고 야단인데 정말 생일 당한 놈은 모르고 있구나!"

"오늘이 보름날이든가요? 아버지, 저 좋아하는 인절미 했어요? 나는 좋아! 얘들아 나는 먼저 갈 테야……."

관순이는 뒤를 돌아보면서 아버지를 따라서 집으로 들어왔다.

관순이의 식구들은 어머니의 권하는 대로 떡과 국으로 아침밥을 먹고 있다.

"관순이가 벌써 일곱 살이여! 인제 아주 색시꼴이 나는데……."

아버지의 말에 어머니는 무슨 생각을 하였는지

"저것이 사내라면 좀 좋아! 생기기는 꼭 사내처럼 생겼

건마는……."

관순의 어머니는 관순을 아들로 낳지 못한 것을 늘 한한다.[11]

"별소리를 다하오. 여자나 사내나 무슨 상관이오. 지금 세상에 여자라도 저만 잘 나면 남자가 못 하는 일을 할 수 있는 것이지. 우리 관순이는 범상한 여자가 아니야!"

관순의 아버지는 아내와 딸을 번갈아 바라본다.

"제가 웬걸……, 그랬으면 오죽 좋겠소."

"웬걸 이라니? 내 자식이라고 그러는 것이 아니라, 관순이는 장래 큰 사람이 될 아이요."

관순의 아버지는 엄숙한 태도로 아내를 바라보고 또 말을 이어,

"여보, 지금 우리나라에는 남자고 여자고 할 것 없이 큰 인물들이 자꾸 나야 하겠소. 그리고 우리나라 형편을 살펴봅시다. 사천 년 국권과 오백 년 사직[12]을 저 일인에게 빼앗기고 저들의 종노릇을 하고 수모를 받고 살게 되었으니, 이것이 우리의 천추의 한이 아니오? 그러나 이미 그

11) 한탄한다.

12) 나라 또는 조정을 이르는 말.

렇게 된 것을 누구를 원망할 것 없고, 이제 잃어버린 국권을 회복하는 것은 우리 한국 백성의 책임이오. 더욱이 앞으로 자라나는 청년의 힘으로 할 것이오. 요새 우리나라 사람은 나라를 사랑하는 마음이 부족하고 죽기를 무서워하기 때문에 이 지경이 되었소. 그러니 죽기를 무서워하지 않고 나라를 위하여 몸을 바치는 사람이 있어야 하겠소. 옛날 신라나 고구려 여자들은 비록 여자라도 글공부는 물론이고 활쏘기와 말 타기를 배워서 나라가 위급할 때에는 용감스럽게 나가서 싸웠다오. 우리는 이미 늙었지마는 관순이는 어떻게 하든지 공부를 시켜 신라와 고구려 여자들과 같이 만듭시다. 모르긴 모르되 이제 십 년이 못 가서 무슨 일이 일어날 줄 아오."

아버지의 가슴에서 피가 끓어 나오는 말씀에 어머니는 고개를 숙이고 무슨 생각에 잠겼고, 어린 관순은 가만히 앉아서 눈도 깜짝거리지 않고 듣다가 문득 아버지를 향하여,

"아버지, 죽기를 무서워하지 않으면 우리나라를 찾을 수 있어요? 그러면 나도 해볼 테예요."

이렇게 힘 있는 말을 하였다. 아버지는 이 말을 듣고

크게 기뻐하여,

"오오 참 착하다. 우리 관순이 참 그래야지."

하고 관순의 머리를 쓰다듬으며 아내를 돌아보고,

"여보, 이 애 말 좀 들어보오. 어쩌면 그렇게 어른 같은 말을 하오. 우리 관순이는 기어이 공부를 시켜서 큰 사람을 만들어봅시다."

"글쎄요. 참 어른 같은데요. 꼭 공부 시킵시다 그려. 우리 관순인 공부 시키면 잘할 걸."

어머니도 이렇게 찬성하는 말에, 관순은 여간 기뻐하지 아니하였다. 떡을 먹기도 잊어버리고 기뻐하였다.

이것이 1911년 바로 우리나라가 왜적에게 합병된 다음 해 봄이었다. 관순의 아버지는 나라를 잃어버린 것은 백성이 깨지 못하고, 지식이 남만 못한 까닭이니 나라를 회복하는 길도 자녀를 가르치는 데 있다고 생각하였다.

3. 이 아버지 이 딸

관순의 아버지는 이름이 중권重權이요, 이 지령리에 대대로 살아오는 이름 있는 유씨柳氏 가문 사람으로 갸륵하고 깨끗한 선비요, 인근 사람 사이에 공경과 신용이 있는 이였다. 선비이면서도 천성이 너그럽고 활발하여 일을 당하면 담대하고 기개가 있는 사람이었다.

지령리는 유씨 일문[13]만 한 오십호 사는 동네로 뒤에는 지령산이 높이 솟아 있고, 앞에는 금강의 상류인 만화천萬花川이 넓고 펀펀한 들을 싸고돌아 고요히 흐르고 있으며, 내 건너편에는 용두산龍頭山의 깨끗하고 높은 봉우리가 단정히 솟아 있어서 이 동네의 풍경을 아름답게 하여 예로부

13) 가문.

터 인걸[14]을 길러내는 영기 있는 터전이었다.

유씨가 이 땅에 터를 잡기는 기원 4028년(서기 1695년)부터라, 대대로 충효와 문학으로 세상에 이름을 날리었다. 호남 유굉湖南 柳紘 선생이 효열찬[15]孝烈讚 글을 지어서 유씨의 일문삼효[16]一門三孝를 칭찬한 일이 있고, 순암 안정복安鼎福 선생이 목천 현감으로 갔을 때에 유씨 가문의 뛰어난 인물과 출중한 문학을 흠모하여 목천 백일장木川白日場에 객사청청유색신[17]客舍靑靑柳色新이란 글제를 내어서 여러 선비로 하여금 유씨의 갸륵함을 칭송하게 한 일도 있었다.

관순의 어머니 이씨李氏 부인도 본시 선비의 집 태생으로, 마음이 곧고도 헌칠할 뿐 아니라, 애정이 많으며 용모도 깨끗하고 아름다워 무엇으로 보나 남에게 빠지는 데가 없는 부인이었다. 중권은 가세가 비록 넉넉지는 못하나 농촌에서는 남부럽지 않은 형편으로, 관순의 오빠 하나 동생 둘 사남매는 이 아버지 어머니 슬하에서 평화스

---

14) 뛰어난 인재.

15) 효행과 열행을 기림.

16) 3대에 걸친 효행.

17) 중국 시인 왕유의 송원이사안서(送元二使安西)란 시의 둘째 행. 객사 버드나무들도 푸릇푸릇 싱그러운데, 라는 뜻이다.

럽고 행복스럽게 자라났다.

관순은 비교적 넓은 이마와, 넓고 윤택한 미간과, 약간 큰 듯하며 흑백이 분명하고 유난히 광채 나는 두 눈과, 뚜렷하고 곧게 생긴 코가 어울려서 남자다운 영특한 기상을 보이고, 아래 위가 고르고 튼튼해 보이는 체격에는 날래고 활발한 태도가 드러났다.

관순은 어려서부터 씩씩한 장난을 좋아하고, 장난을 하면 반드시 머리가 되었다. 달 밝은 밤이면 완고한 어른들의 눈을 피해가면서 동네 아이들을 데리고 앞 냇가에 있는 모래 터에 달려가서 진쌈하기[18]와 술래잡기를 하는데, 관순은 매양 대장 노릇을 하고, 줄넘기를 하면 제 길로 한 길은 쉽게 뛰어넘는 것이었다. 추운 겨울이라도 널뛰기는 물론이요, 남자처럼 얼음지치기와 눈 장난을 하며, 방 안에 있을 때에도 동무들과 풍계묻이[19]와 쌍육[20]을 치면서 큰 소리로 웃으며 유쾌하게 노는 것이 예사였다. 이 모양으로 관순은 여자라기보다 차라리 남자다운 기운이 있어

---

18) 씨름의 일종.

19) 어떤 물건을 감추고 서로 찾아내는 아이들의 놀이.

20) 겨울철에 주사위 두 개를 가지고 실내에서 하던 놀이.

서 흔히 '장난꾼'이라는 별명을 들었다.

그러면서도 그는 조금도 심술궂은 데가 없고, 동정심이 많고 언제나 남을 도와주기를 좋아하였다. 그리고 남의 일이라도 몸을 아끼지 않고 거들어주는 버릇이 있었다. 그리고 싸우거나 부모의 말을 거슬러서 부모의 애를 태우는 일은 없었다. 부모가 시키는 일은 첫 마디에 순종하고 조금도 어기는 일이 없으며, 비록 제 힘에 겨운 듯한 일이라도 거역하는 일이 없었다. 그러나 만일에 어른의 말이라도 도리에 옳지 아니한 일이면, 한사코 듣지 않고 제 마음대로 하기 때문에 어른들도 능히 그 뜻을 굽히지 못하였다.

4. 나라 없는 설움

관순의 아버지 중권은 밤마다 밤마다 집안 식구가 잠이 든 뒤에도 사랑에 혼자 앉아서 잠을 이루지 못하고 궁리하고 생각하는 것은 학교를 세우는 계획이었다.

이때에 유씨 일문에서는 모두 한학에 젖어서 한문밖에 모르기 때문에 그 자녀들도 한문만 가르치고, 새 문명은 양학洋學이라 하여 이를 돌아보지 아니하였다. 이렇게 완고한 집안 가운데 먼저 깬 중권은 세계의 형편을 잘 알고 마음에 생각하기를, '우리가 나라를 잃어버린 것은 모든 것이 남에게 뒤떨어진 까닭인즉 나라를 찾으려면 서양 문명을 받아서 새로운 교육을 시켜야 한다.'고 철저히 깨달았다.

그는 먼저 이 일을 성취하기 위하여 동지 몇 사람을 찾아 같이 의논하고 경영하였으니, 그들은 곧 이정래李貞來, 강대형姜大馨, 이재필李裁苾, 이춘범李春凡, 한우석韓禹錫들이었다. 이 사람들과 날마다 왕래하고, 천안읍과 공주로 다닌 결과 마침내 홍호학교라는 사립학교를 경영하게 되었다.

홍호학교는 초등과와 고등과의 두 과를 두어서 신교육을 열심으로 시켰다.

중권은 자기 소유의 토지를 팔아서 학교를 경영하다가, 몇 해 후에는 적지 아니한 빚을 지게 되었다. 그러나 이같이 애쓰는 정경을 보고도 조금도 거들어주려는 사람은 별로 없었고 오직 이정래, 강대형이 같이 곤란을 겪을 뿐이었다. 그리하여 아무리 해도 빚을 갚을 길이 없으므로 할 수 없이 아우내장터에서 고리대금업을 하고 있는 일본인 고마도瓜田라는 자의 빚을 쓰게 되었다. 이때에 쓴 본금 삼백 냥이 이자의 이자를 더해서 마침내 삼천 냥이라는 큰돈이 되었다.

이때에 왜채[21]로 말하면 무섭기가 나라의 세금보다 더하였다. 만일에 기한이 넘도록 못 갚으면 그 구박과 행패

---

21) 일본인이나 일본으로부터 얻어 쓴 빚.

가 자심할[22] 뿐 아니라, 종내[23] 집을 빼앗기고 전답을 빼앗기는 것이 예사였다.

그런데 그 돈을 쓰고 갚을 기한을 여러 번 넘겼으나 본래 중권을 어떤 인물인지 잘 아는 왜인도 남달리 대접하여 기한을 여러 번 물려주더니 마지막에는 종내 행패하기를 시작하였다.

고마도는 어떤 때는 총을 가지고 와서 위협하고, 혹 주인이 없으면 일부러 아래 웃통을 벗고 개짐[24]만 차고 안에까지 들어와서 행패를 하였다. 한 번은 중권이 밭에 나갔다가 집에 들어와 보니 그 부인 이씨가 작대기를 들고 벌거벗고 총만 메고 뒤꼍에 있는 대추를 막 먹고 있는 고마도를 쫓아 나오는 것을 보자 가슴에서 북받쳐 나오는 분을 참지 못하여 당장에 달려들어 고마도의 총을 빼앗고 막 두들겨 쫓았다.

양반의 집에서 이런 욕을 당하고 나니 분한 것이야 이루 말할 수 있으랴. 무식하고도 고약한 왜인이 간 다음에

22) 더욱 심하다.

23) 끝내. 마침내.

24) 여성이 월경할 때 샅에 차는 천. 여기서는 일본식 남자 속옷을 가리킴.

식구들은 둘러앉아서 한탄하기를 마지아니하였다.

"이런 수모를 받고 어찌 산단 말이요."

이씨는 눈물을 흘리며 말하였다. 마침 학교에서 돌아와서 이 광경을 보던 큰 아들 관옥과 어린 관순도 울면서 울면서 어머니 손을 붙잡고 위로하였다.

그런 지 얼마 만에 중권은 간신히 돈 삼백 냥을 마련해 가지고 고마도를 찾아가서 돈을 갚으러 왔으니 증서를 좀 보자고 순한 말로 청하매 고마도는 무심히 증서를 내놓았다. 증서를 받아보니 과연 본전 이자를 합해서 삼천 냥이 적혀 있다. 이것을 본 중권은 증서를 박박 찢어버리고,

"삼백 냥밖에 안 되는 돈에 삼천 냥이라는 엄청난 돈을 받겠다는 것은 도둑놈의 행세니 본전 삼백 냥만 받아라."

하고 가지고 갔던 돈을 내던졌다.

그러자 고마도는 근처에 있는 일인들을 불러 가지고 억지로 중권을 끌고 근처의 우물로 가서 거꾸로 달아매고 찬물을 입과 코로 들어부었다. 중권이 거의 까무러치게 된 것을 마침 지나가는 헌병보조원 때문에 겨우 놓여서 돌아왔다.

"아버지, 그놈들을 가만 둬요. 우리 동네 사람이 다 나

서서 그놈들을 해 내지요, 네? 아버지, 나가요. 우리 유씨 집안이 다 가지요."

아버지의 슬퍼하시는 것을 보던 관순은 벌떡 일어나서 문을 열고 나가려고 한다.

"아서라, 공연스레 그래야 소용없다. 우리는 맨손이고 그놈들은 총칼이 있지 않니. 그래서 잘했건 못했건 우리는 져야 한단다."

"아니에요. 그런 법이 어디 있어요. 잘하고도 왜 져요. 그러면 법도 없게요."

관순은 더욱 분이 나서 말한다.

"그렇지! 약한 자에게는 법도 없단다. 여기 사는 놈들 수효는 적어도 그놈들의 뒤에는 군대가 있고, 우리보다 강한 나라가 있단다. 그것들이 그것을 믿고 그러는 것이란다."

중권은 한숨을 쉬고 말을 이어,

"생각을 하면 참 기막히지! 우리는 그래도 그놈들의 빚을 졌다가도 무사했지마는, 웬만한 사람은 왜놈의 빚을 졌다가 거지가 된 이가 많단다. 그놈들이 처음에는 맨손만 들고 건너와서 사탕장사나 하다가 모두 큰 부자가 되어 가지고 거들먹거리는 것은 다 고리대금을 해서 조선 사람의 집과 토지를 빼앗은 덕이란다. 이 천안 근방에도 왜놈에게 억울하게 재산을 빼앗기고 못 살게 된 사람이 수두룩하단다. 그런 줄을 번연히 알면서도 우리는 어찌하지 못하는구나! 으흥……."

중권은 이를 갈고 치를 떨었다. 이윽고 두 눈에서는 눈물이 하염없이 나온다.

5. 새로운 빛을 찾아

"인제는 글렀다. 벌써 거진[25] 십 년이 되었으니……."

날이 갈수록 일인의 압제는 심해 가고, 나라가 다시 광복될 길은 아득하므로 서울이나 시골은 물론하고 웬만한 사람은 다 낙심하여 넘어지고, 나라를 잃어버린 일까지 잊어버린 듯하였다. 따라서 인심이 떨어지고 썩어지기를 시작하여 저마다 제 살 도리나 생각하고 제 욕심만 채우려고 하게 되었다.

그리하여 어딜 가나 비관하는 말뿐이요, 동네마다 술 먹기와 노름이 늘어 가게 되었다.

이때에 사람들이 모여서 희망을 가지고 힘 있게 나아가

25) 거의, 거의 다의 사투리.

면서 서로 힘을 합하여 나라와 사회를 위하여 좋은 일을 해보자고 하는 데는 오직 교회밖에 없었다. 나라와 민족을 걱정하고 간절한 마음으로 기도하는 데도 교회사람 들이 모이는 자리밖에 없었다.

이것을 알고 크게 느낀 바 있는 중권은 집안 어른 유빈기柳斌基와 정다운 친구 조인원趙仁元으로 더불어 도모하여 동네에다 손수 예배당을 짓고, 밤낮을 가리지 않고 열심으로 전도를 하였다. 그러는 동안에 너무 과로한 까닭에 중권은 마침내 병석에 눕게 되었다. 이때에 병석에 누운 그에게 가장 큰 위로를 준 사람은 관순이었다.

"아버지, 예수 믿으시면 저도 예수 믿을 테예요."

하고, 하루는 관순이 제가 먼저 나서서 예배당에 나갔다. 그런 뒤에는 한 번도 빠지지 않고 교회에 나가서 주일학교에 참례하였다. 관순은 저 혼자만 가는 것이 아니라 언제나 동네 아이들을 많이 끌고 갔다. 그래서 얼마 안 되어 예배당이 가득 차게 되고, 관순은 주일학교에 반장 격이 되었다.

그리고 아버지가 병이 나서 자리에 누웠을 때에 그 베갯머리에서 간절히 기도를 하였다. 관순은 이때부터 기도하기를 배웠다. 기도를 한 다음에는 아버지를 위하여 찬송을 하였다. 그리하여 중권은 아픈 것도 잊어버리고 위로를 받고, 딸의 기도의 정성으로 오래지 아니하여 일어났다.

6. 이화학당으로

이때에 서울에는 이화학당梨花學堂이라는 선교사가 경영하는 여학교가 있어서 보통과 고등과가 있고, 대학과까지 있어서 여자들에게 신교육을 열심으로 시키고 있었다. 관순은 사촌 언니 에더에게 이화의 이름을 들었다. 그러나 공부하러 갈 생각은 못하였다. 그러나 한 번은 어떤 일요일에 예배당에 갔는데 공주에서 순회로 왔던 여자 선교사 '사부인'이라는 이가 관순을 조용히 불러서 하는 말이,

"관순아, 서울로 공부하러 갈 마음 없니?"

관순은 너무 뜻밖의 말이라 무엇이라고 대답할지 몰라서 멍하고 부인을 바라보고 있었다.

"관순이가 공부하기 원하면, 내가 서울 이화학당에 보

내줄게. 내가 유 선생(관순의 아버지)한테 벌써 말했어."

"선생님, 저 공부하기 원해요. 보내주세요. 그런데 학비는 어떻게 해요."

영리한 관순은 아버지에게 무거운 짐이 될까 해서, 먼저 학비 문제를 걱정하였다. 그러나 사부인은 벌써 그 사정을 알고 학비는 한동안 자기가 담당하기로 하고, 가서 공부 성적이 좋으면 학교에 교비생[26]이 되도록 해주기로 약속하였다. 그리고 그 이튿날 곧 자기와 같이 공주로 갔다가 서울로 가기로 하고 헤어졌다.

관순은 너무 기쁘고 좋아서 아버지의 손에 매달리다시피 하여 발이 땅에 닿는 듯 마는 듯 집에 돌아왔다.

지령리 동네에서 교회에 나가는 아이들이 많지마는 관순은 찬송으로 기도로 여러 아이들을 지도하고 통솔하는 재질이 뛰어나므로, 천안과 공주에까지 알려져서 교회 어른들에게 대단한 고임[27]을 받게 되었던 것이다.

사부인은 관순의 집을 한두 번 방문한 일이 있고, 그때마다 부인은 관순을 사랑하여 여러 가지로 이야기를 해주

---

26) 장학생.

27) 어렵고 귀찮은 임무.

고 관순은 부인을 극진히 대접하였다.

관순은 일생에 처음으로 집을 떠나고 아버지와 어머니 옆을 떠나게 되었다. 아버지와 어머니는 밤을 새우다시피 하여서 딸의 먼 길 떠나는 준비를 해주었다.

"아무쪼록 공부 잘해서 이 담에 나라에 큰 사람이 되어라. 내 한 번 서울 가마."

하는 아버지의 음성은 떨렸다.

"아가, 부디 몸조심해라 응! 자주자주 편지 하구."

어머니는 치맛자락으로 눈물을 씻었다.

"도무지 걱정할 것 없소. 이화학당은 매우 좋아요. 관순인 착한 아이니까 공부 잘하고 있을 것이오."

사부인은 유중권 내외를 번갈아 쳐다보고 관순의 머리를 어루만지며 이렇게 말한다.

"아버지, 어머니, 안녕히 계십시오. 공부 잘해서 기어이 하나님의 일꾼이 되겠습니다."

사부인과 같이 자동차에 몸을 실은 관순은 고개를 숙여서 부모님과 여러 친척들에게 인사를 하고는 눈물도 흘리지 않고 다시 뒤도 돌아보지 않고 떠나갔다.

7. 이화의 꽃향기

관순은 이화에 온 지 며칠이 못 되어 벌써 기숙사 생활에나 한 반에서나 서투른 데가 없어지고, 여러 사람의 고임을 받아서 그날그날을 재미있게 지내었다. 이리하여 서울에 올라온 뒤에도 집 생각이 나서 눈물을 흘려본 일이 없었다.

이화의 큰 벽돌집이라든지, 그 안에 큰 풍금이라든지, 많은 재봉침이라든지, 처음 보는 피아노라든지, 넓은 동산에 울창한 수목이라든지, 운동장의 여러 가지 설비라든지 다 관순의 눈을 놀라게 하고 마음을 끌어주었다. 그러나 이 학교에 와서 제일 마음이 끌리고 가까이 한 곳은 아담한 강당이요, 그 뒤에 있는 기도실이었다. 그는 이 학교에 들어온 날 저녁에 기숙사의 한 방을 지시함을 받자, 가지고 온 짐도 풀지 않고 곧 기도실로 가서 자기를 이런 좋은 학교에 인도해주신 것을 감사하고 고향에 계신 부모를 위하여 간절히 기도를 하였다. 그런 뒤에는 새벽마다 기도실을 찾아가고 낮에나 저녁에도 조용한 틈을 타서 가끔가끔 찾아가서 고요한 시간을 보냈다.

한 달도 못 되어서 이처럼 명랑하게 자유롭게 지내고, 여러 사람으로 더불어 잘 사귀어서 지내는 일은 이 학교 창설이래로 처음 되는 일이요, 일찍이 그 전례가 없었다. 여기에 대해서는 다 이상스럽게 생각하고 탄복을 하였다.

관순이 다른 학생과 다른 점이 몇 가지 있었다. 첫째 남이 다 잘 때에 기도실에 가는 것이요, 둘째 부지런히 열심으로 일하는 것이었다. 일이라는 것은 대개 학교 소제[28]와 빨래하는 것이었다. 심지어 동무들은 시기하고 미워하는 눈으로 보게 되고 선생님들은 괴상하게 여길 지경이었다.

"너는 왜 네 차례도 아닌데 소제를 하느냐? 누가 널더러 여기를 소제하라고 하더냐?"

28) 청소.

관순이 제 차례도 아닌데 날마다 자기 반 교실 소제를 하고, 강당 소제는 혼자서 맡아 두고 하는 것을 볼 적에 선생들은 한참씩 바라보다가 이렇게 물어보는 것이었다.

"그만 두어, 얘. 선생님이 칭찬하실 줄 아니?"

동무들 중에는 이렇게 빈정대는 아이들도 있지마는 관순이 쾌활하게 웃고 정답게 대답하는 말에는 같이 웃어버리고, 마침내 동무들이 그의 마음을 알게 된 후로는 그를 우러러보게 되고 선생님들도 보통아이가 아닌 줄을 알게 되었다.

관순은 동무나 선생님의 말에 대개 침묵을 지키고 아무 대답도 아니 하였으나 부득이 대답할 필요가 있을 때에는,

"내가 하고 싶어서 하는 걸요. 학생이 되어서 제 학교를 깨끗하게 하는 것이 제 의무지요."

이렇게 말하였다. 그러나 관순이 속으로 단단히 생각하고 마음먹은 것이 한 가지 있기는 하다.

'내가 학교의 도움을 받아 공부를 하지마는 도움을 거저 받아서는 안 되겠다. 나는 학교의 소제를 하여서 내가 도움을 받는 것을 갚겠다.'

이것은 관순이 학교에 들어올 때부터 교비생이 된 까닭이었다. 사부인이 본국으로 돌아가면서 이내 교장에게 부탁을 하여서 교비생이 된 것이었다.

"관순은 밤낮 빨래만 한다."

하는 것이 동무 사이에서나 선생들의 이야기 거리가 되었다. 학교가 파한 오후에나 새벽에나 밤에나 과연 관순은 흔히 빨래를 하고 있었다. 그것은 물론 제 빨래만 하는 것이 아니요, 삯빨래도 아니요, 선생님의 옷이나 동무나 윗반 언니의 의복을 빨아 주는 것이다. 저 편에서 청해서 하는 것이 아니라, 자기가 자원해서 하는 것이다. 입은 옷을 벗어 놓으면 어느 틈에 슬쩍 내다가 빨아서는 갖다 놓고 하였다.

"Y 선생님의 옷은 관순이가 맡아 놓고 빨아 주어."

"이거야, 이거. 흥."

두 손을 깍지를 끼어서 서로 사랑하는 표를 하였다.

"아니야, 아니야, 그 애는 그렇지 않아!"

이렇게 반대하는 사람도 있다.

과연 관순은 모 선생님의 의복만 빨아 대는 것이 아니라, P 선생님의 의복도 빨아 놓는다. 또 어떤 때는 K라는 상급생의 옷도 빨아 주었다. K는 진남포에서 온 학생인데 소설만 읽는다고 '소설광'이라는 별명이 있었다.

"너는 남의 빨래만 해주고 공부는 언제 하니?"

한 번은 사촌 언니 에더가 꾸지람처럼 나무람처럼 조용히 말하였다.

"글쎄, 언니 내 말 좀 들어보아요. 한 번은 그 언니 동무들이 그 언니 고리짝[29]을 열어보지 않았소. 그런데 그 고리짝에서 코를 찌르는 냄새가 칵 나겠지요. 언제 빨래를 해보았는지 묵은 빨래가 하나 가뜩 있겠지요. 그런 것을 그냥 덮어 놓고는 모두 웃고 빈정대고 그럽디다 그려. 그래서 하도 딱 하기에 슬쩍 내다가 빨았다오. 언니."

"에그, 소설 좀 고만 읽고 빨래나 하지! 너도 무던하다."

에더는 이렇게 말하고 웃고 말았다. 또 어떤 때는 C라는 자기보다 어린학생의 빨래를 해주었다. C는 어려서 제 옷을 제가 빨아서 해 입을 형편이 못되기 때문에 동정해서 빨아준 것이었다.

관순은 동정심이 많기로도 유명하였다. 한동안 식당에

---

29) 버들가지 따위로 엮어서 만든 상자.

나오지 아니하는 것을 알고 P 선생은 그 까닭을 물었다. 처음에는 배가 아파서 안 먹노라고 하다가 종내 어떤 동무가 식비를 못 내서 걱정하는 것을 보고 자기 식비를 내주고 저는 굶기로 하였다고 고백하였다.

그때에 밤이면 고학생의 단체인 갈돕회 회원들이 만주[30]를 팔러 다니는데, "갈돕만주, 갈돕만주." 하고 찬바람 부는 겨울 거리를 외치고 다니는 소리가 처량하게 들렸다. 관순은 이 소리를 들을 때마다 그저 지나 보내지를 못해서 이 방 저 방 다니면서 혹은 공집기를 한 것을 얻고, 혹은 그냥 돈을 모아서 만주를 팔아주었다.

한 번은 갈돕만주 소리가 처량하게 들리는데, 학교 대문이 닫혀서 나갈 수가 없었다. 그래서 할 수 없이 담장을 넘어서 사오다가 순회하는 선생님에게 들켜서 단단한 꾸지람을 들은 일도 있었다.

아직 고등과 일학년이요, 나이는 어리나 관순이 있는 교실은 말할 것도 없고 기숙사 안에서 관순이 가는 방마다 웃음의 꽃이 되어 명랑하고도 평화스러운 공기를 만들었다.

---

30) 만두의 함경남도 방언.

웃고 놀 때에는 퍽 재미스럽게 놀다가도 관순은 문득 화제를 돌려서 신앙 문제로 이야기를 시작하고, 나라 일을 근심하는 격렬한 말을 하다가 간절한 기도를 시작한다. 그래서 어떤 방에서는 좀 좋지 못한 장난을 하다가도 관순이 들어오면 슬그머니 집어치우고 찬송가를 시작하였다.

이리하여 관순은 이화의 빛나는 꽃이요, 높은 향기였다.

8. 자유의 부르짖음

관순이 바로 열여섯 살 되는 해, 고등과 일학년 삼학기[31]를 당한 때였다.

1919년 이월 그믐, 아직도 추운 때인데 서울에는 고종 황제의 인산[32]因山으로 각처에서 모여온 사람이 많아서 온 장안이 수선수선 하고 장차 무슨 일이 일어나고야 말 듯한 징조가 떠돌고 있는데, 혈기에 뛰노는 청년 학생들은 주먹이 불끈불끈 하는 듯한 기분과 무거운 침묵 가운

31) 우리나라의 학기제는 1961년에 정착된 3월에 학년을 시작하는 2학제로 운영되고 있지만, 당시에는 4월에 학년을 시작하는 3학기제로 운영이 되었다. 지금도 일본은 4월 3학기제를 따른다.

32) 조선 시대, 태상왕(太上王)과 그 비(妃), 왕과 왕비, 왕세자와 그 빈(嬪), 왕세손(王世孫)과 그 빈의 장례.

데 있었다.

미국 대통령 윌슨 씨의 '민족자결'이라는 새로운 슬로건(표어, 또는 주의)이 세계의 모든 약소민족을 충동하여 무거운 압박 밑에서도 저마다 힘 있게 움직이는 통에, 일본의 강도 같은 침략을 받고 신음하고 있으면서 다 죽은 듯하던 조선 사람도 용감한 싸움을 해보고자 삼월 일일을 기약하여 전국에서 일제히 독립 만세 시위운동을 일으키기로 하였다. 학생 중에는 연희 전문의 김원벽 씨 등 몇 사람이 앞장을 서고 수반이 되어, 중등 이상 각 학교에 연락을 하게 되어 이화에도 연락원이 극비밀리에 가끔 내왕하였다.

이때에 선생으로 박인덕, 김엘리스 같은 이들은 상급반 몇 사람으로 더불어 비밀히 의논하기에 한밤을 밝혔다.

관순은 이날 밤에는 강당에서 기도하느라고 밤을 새웠다. 한밤중이 지나 날이 밝으려 할 때에 관순은 기도하는 동안에,

"밝은 아침 조선 사람이 자유와 독립을 위하여 세계를 향하여 부르짖을 터이니, 너도 나아가거라."

하는 음성을 들었다. 그리하여 관순은 무슨 일이 일어

날 것을 분명히 알았다.

마침내, 이튿날 삼월 일일이 왔다. 각 학교 학생들은 어느 틈에 종로 파고다공원[33]을 향하여 구름 같이 모여 들었다. 열두 시 정각에 독립선언서의 낭독이 끝난 다음에 "대한 독립 만세"를 높이 부르고, 학생대를 선두로 열에 뜬 군중은 만세를 연해 부르면서 행렬을 지어 나갔다.

33) 지금의 탑골공원.

9. 산 위의 성녀聖女

이때에 앞일을 염려한 '총독부'에서는 각 학교에 임시 방학령을 내리자 이화에서도 학생을 전부 돌려보낸 것이었다.

관순은 에더와 고향 집으로 돌아왔다. 기차에서 시달리고 천안에서 집에까지 오십 리 길을 걸어오느라고 썩 피곤한 다리를 끌고 집으로 들어왔다. 들어오는 길로 관순은 아버지에게 물었다.

"아버지, 여기서도 만세 불렀지요?"

아버지는 대답이 없다.

"서울서랑 각처에서 일시에 독립 만세를 부른 줄 아시지요. 아버지!"

관순은 쏟아 놓는 것처럼 뒤이어 급히 물었다. 그러나 천안 근방에서는 만세를 부른 일이 없고 잠잠하였다는 뜻밖에 놀라운 말을 듣고, 관순은 잠시 말이 안 나왔다. 그래서 그날 밤에는 서울서 만세 부른 사실을 아버지와 집안 식구들에게 이야기하고, 또 격분한 생각에 서울서 지난 일이 눈앞에 어리고, 고향에서 장차 어찌할 것을 생각하기에 자리에 누워 보기는 하였으나 잠을 들지 못하고 밤을 그대로 밝혔다.

그 이튿날 아침에 관순은 분을 참지 못하여 동네 뒤 지령산으로 올라갔다. 깎아지를 듯한 산길이요, 곤한 기운도 풀리지 아니한 몸이지마는 그는 어느 새에 매봉 꼭대기까지 올라왔다. 더욱이 백의처사白衣處士 유영일 선생柳榮日先生이라는 할아버지 되시는 이가 정조대왕正祖大王이 곶기시었을[34] 때에, 이 매봉에 올라와서 아침저녁으로 망곡[35]望哭을 하느라고 삼 년 동안을 하루 같이 그 길로 오르내렸다는 아버지 말씀을 기억하고, 관순이 더 힘을 얻고 충동을

---

34) 윗 사람이 죽다.

35) 먼 곳에서 임금이나 어버이의 상을 당했을 때에, 곡을 할 장소에 몸소 가지 못하고 그쪽을 향하여 슬피 욺.

받아서 기운 있게 올라온 것이었다.

관순은 이마의 땀을 씻고 가쁜 숨을 깊이 쉬면서 겨우 굴뚝에서 가는 연기가 올라올 뿐이요, 대개는 아직 잠을 자는 듯한 산 아래 여러 동네 집들을 잠깐 내려다보고 이내 무릎을 꿇고 나라를 위하여, 또 장차 일하려고 하는 저에게 힘을 주시기를 하나님께 성심으로 기도하였다.

"하나님이시여! 남의 나라 사람에게 억울한 압제를 받고 있는 이 나라 이 백성을 불쌍히 여기시옵소서. 지금 온 나라 동포들이 자유를 부르짖고, 산천초목까지 자유를 찾고 있는 이때에, 이 지경 동포들은 아직도 잠을 자고 있사오니 이 동포들의 깊이 든 잠을 깨워 주시고, 나라를 위하여는 총칼을 무서워하지 않고 죽음도 달게 받고자 하는 용기를 주시옵소서. 소녀에게 용기를 주시고, 어린 몸이 이 동포들을 깨워 일으키고 인도할 수 있는 지혜와 힘을 주시옵소서."

관순은 하염없는 눈물을 흘리면서 가슴에서 북받쳐 나오는 하소연을 억제할 길이 없었다. 관순은 기도를 마치고 일어나서 사방을 둘러보았다. 어디가 백의선생이 엎드리고 망곡을 하시던 곳인가 하고 살펴보았다. 그리고 저도 그 어른 같은 충성을 가지기를 숙원[36]하였다.

다시 눈을 들어 아우내장터 쪽을 바라본즉, 그 뒷산에 모신 어우 선생於于先生의 영당이 뚜렷이 눈에 뛴다. 두 임금을 섬기지 않는다는 의리를 지키기 위하여 목숨을 바쳤다는 그 충성을 자기에게도 주시기를 다시금 속으로 숙원하여 더욱 용기를 얻어 가지고 천천히 내려왔다.

동네로 내려온 관순은 에더와 같이 동네 모모한 이들을 예배당으로 모아 놓고, 서울에서 된 일과 자기 마음에 먹은 뜻을 열렬하게 말하며

"우리도 조선백성이니 우리도 만세를 부릅시다."

말이 끝나자마자 조인원은 불끈 일어서며,

"옳다. 우리도 만세를 부릅시다. 이때에 일어나지 않는 것은 우리 민족이 아닙니다."

하고 크게 격동시켰다. 그리하여 이 지방에서도 만세를 부르도록 하기를 단단히 약속하였다. 우선 날짜를 정하기를, 서울에서는 양력 삼월 일일에 거행하였으니 여기서는

36) 오래전부터 품어 온 염원이나 소망.

마침 아우내 장날인 음력 삼월 일일에 거사를 하는 것이 좋겠다고 그날을 가리켰다.

그리고 조인원과 동네 사람들은 그날에 행할 준비를 하기로 하고, 관순과 에더는 근방 다른 지방과 연락하기 위하여 일선에 나서서 활동하기로 하였다.

관순과 에더는 각 교회의 지도자를 찾아 운동하는 것이 상책이라 하여 우선 천안읍에 가서 안 목사를 찾아 쾌히 승낙하는 말을 듣고, 이내 잣밭 청신학교 선생 김구응을 찾아 말하니 김구응은 분연히 일어나며,

"이런 일은 목숨을 내놓고 할 일이니 어디까지든지 같이 하자."

고 단단히 약속을 하였다.

이와 같이 열렬한 동지를 얻은 관순과 에더는 계속해서 연기, 청주, 진천 각 교회를 차례로 찾아갔다. 그리고 그 다음에는 유림의 대표되는 선비들을 찾아보고, 또 각 대성[37]大姓 대표자들을 찾아다니고, 나중에는 각 가정으로 다니면서 부인들에게까지 설명도 하고 격동도 시켰다.

이렇게 활동하기에 관순은 거의 밤낮을 가리지 않고 밥

---

37) 큰 성씨.

먹기도 잊었다. 수신면 장명이란 곳은 교회가 있고 신자가 퍽 많으며 각 처에 연락하기가 매우 편한 곳으로 지령리에서 십리 길이 되는데, 큰 산이 막히고 무인지경[38]이므로 낮에 다니기도 대단히 위험한 길이건마는 한밤중에 혼자 다니기를 예사로이 하였다. 이때에 동네에서 한밤중에 개만 짖으면,

"관순이가 운동하고 오는가 보다."

하고 내다보면 틀림없는 관순이었다.

이와 같이 하루도 쉬지 않고 열성을 다하여 활동한 결과에, 각계 대표로 조인원, 김구응, 안창호, 유중무, 김상훈, 김상헌, 유도기, 이백하, 김상철, 한동규, 김교선, 이순구, 서병순, 박상규, 윤태영, 이성하 등 동지를 얻어서 예정한 날짜에 아우내장에서부터 거사를 하기로 모든 계획과 준비를 하여 놓았다. 그리고 각처에서 그날에 틀림없이 실행한다는 신호로 매봉에서 불을 놓기로 하였다.

그런 지 얼마를 지나, 음력 이월 그믐날 밤이 왔다. 캄캄한 밤이었다. 어린 처녀는 가든가든한 차림으로 짚홰[39]

38) 사람이 살고 있지 않는 외진 곳.

39) 짚으로 만든 횃불.

를 옆에 끼고 매봉에 올라갔다. 이따금 바람에 나뭇가지가 불리는 소리뿐이요, 새 소리 하나 없이 고요한 매봉에서 그는 거의 습관적으로 땅에 엎드렸다. 두 손길을 마주 잡고 엎드리기만 하면 눈물을 흘리니, 나라를 근심하고 사랑하여 흘리는 애국 열정의 눈물이었다.

그는 미리 준비하였던 큰 홰에 성냥을 그어 댔다. 그리고 나중에는 청솔가지를 꺾어 던졌다. 캄캄하던 산속은 금방 환해지고 고요하던 곳에 후둑후둑 솔가지 타는 소리가 요란하게 들렸다. 이때에 관순은 문득 두 팔을 벌리고 하늘을 향하여 고개를 들었다. 그는 한참이나 아무 말도 없이 마치 깎아 세운 석상처럼 서 있다. 그러나 그 얼굴에는 그 가슴에는 붉은 정렬이 타오르는 듯하고 얼굴은 몹시 광채가 났다.

캄캄한 밤중에 산 한가운데 불빛을 받아 환하게 나타난 그의 얼굴은, 옛날 오백 년 전에 다 기울어져 가는 조국 불란서[40]를 구하려고 십자가를 들고 백마를 타고 올레안 성을 향하여 용감히 떠나는 잔 다르크의 거룩하고 용감스러운 그 자세가 완연하였다.

---

40) 프랑스의 한자식 표기.

이상한 광채가 유난히 빛나는 그 얼굴, 눈물이 어리고 슬픔과 희망이 뒤섞이어 깜박이는 두 눈, 꼭 담은 입은 진실로 천사요, 사람은 아니었다.

10. 붉은 피를 본 무리

천안군 동면과 병천면 경계에 있는 지령산 매봉 꼭대기에서는 봉화불 같은 이상한 불이 붙어서 빨간 불꽃이 검은 하늘을 향하여 타오르는 것이 근방 사오십리 밖에까지 보였다. 이것을 본 근방 사람들은 심상치 아니한 일이라 하여 수군수군 하였다. 그러나 이것으로 군호[41]를 삼아 나오기로 약속한 사람들은 다 알아차리고 밤을 도와 준비하였다.

이튿날, 음력 삼월 초하루 날이다. 천안군 아우내장터에는 마침 장날이라, 일찍부터 사방에서 장꾼들이 전에 없이 많이 모여 들어왔다.

41) 군대의 암호.

이때에 여학생의 복색을 하고 얼굴에 비장한 결심이 보이는 한 처녀가 바쁘게 돌아다니고 장 어구마다 한두 사람씩 서서 품에서 태극기를 꺼내어 오는 사람에게 말없이 골고루 나눠 준다. 잠시간에 장꾼은 수만 명이 모여들었다.

이윽고 열두 시가 되었다. 어디서 그 처녀가 태극기를 한 손에 들고, 문득 군중 가운데로 나타나서 언덕 위에 올라섰다.

"여러분 우리는 사천여 년 역사국으로 일본사람에게 나라를 잃어버리고 십 년이나 남의 압제를 받은 것이 분한 생각이 없습니까? 합방은 일인이 마음대로 강제로 한 것이요, 우리가 원해서 한 것이 아닙니다. 이번에 미국 대통령 윌슨 씨의 모든 민족이 스스로 자기 일을 결정하라는 주의에 따라 세계의 여러 약소민족이 독립을 하는 것을 보고, 지난 양력 삼월 일일에 서울과 각처에서 우리도 사천 년 문화를 가진 독립국이니, 독립을 달라는 선언서를 발표하고 만세를 불렀다는 말을 여러분들은 들으셨겠지요. 우리도 대한 나라에서 피를 받아 난 대한 사람이니 우리도 만세를 부릅시다. 자, 여러분 독립 만세를 부릅시다."

이렇게 간단히 연설을 한 다음에, 곧 두 노인이 농기[42] 같은 큰 태극기를 들고 나오자 그 처녀는 태극기를 높이 들고,

"대한 독립 만세"를 높이 불렀다. 이 소리에 응하여 수만 군중이 고함치듯 높이 부르는 만세 소리는 문득 천지를 진동하였다.

이 처녀는 물론 우리 유관순이요, 두 노인은 조인원, 유도기였다.

이렇게 '독립선언식'을 간단히 거행한 다음에, 조인원과 유도기를 선두로 행진을 하기 시작하였다.

이 소식을 일본 헌병들이 듣고 급히 달려오기는 하였으나, 그 기세가 하도 엄엄하므로[43] 처음에는 멍하니 서서 바라보고 있는 자도 있고 겁을 먹고 달아나는 놈도 있었다. 그중에도 서전西田이 외 몇 명은 같이 따라가며 만세를

42) 농촌에서 한 마을을 대표하고 상징하는 기.

43) 매우 으리으리하다.

부르고 날뛴 일도 있었다.

그러나 마침내 헌병분견소장憲兵分遣所長인 소산정평小山正平이라는 자는 부하 헌병들을 데리고 어떤 담 모퉁이에 숨어서 물밀 듯 밀려오는 행렬의 첫머리를 향하여 총을 쏘기 시작하였다. 이 총소리를 들은 관순은 가던 발걸음을 멈추고,

"여러분 우리는 자중합시다. 저놈의 악독한 총부리를 잠시 피하고, 다시 기회를 기다립시다."

하여 한편에서는 잠시 해산하기를 시작하였다. 그러자 화강花岡이란 자가 싸전[44]에서 만세를 부르고 용감하게 오는 김상헌金相憲의 옆구리를 찔러서 당장에 피를 쏟고 쓰러지게 하였다.

아아! 마침내 피를 흘리기 시작하였다. 이 피를 본 군중은 분이 치밀고 피가 끓었다. 아무의 지도와 만류도 그들에게는 소용없었다. 그리하여 군중이 왁 밀려들었다. 헌병들도 겁이 나서 도망하여 헌병대로 들어갔다. 어디서 "가자 부셔라, 때려 부셔라." 하는 소리가 나자, 선두에 섰던 젊은이들은 김상헌의 피 흐르는 시체를 메고 헌병대

44) 쌀과 그 밖의 곡식을 파는 가게.

를 향하여 맹수의 무리 같이 몰려갔다. 뜻밖에 형세가 이렇듯 거칠어진 것을 본 관순은 잠깐 주저하였으나 급히 군중을 가로 막으며,

"여러분, 우리가 만일 한 때의 분을 참지 못하여 일을 저지르면 그 영향이 우리 온 민족에 미쳐서 큰 화를 살 터이니, 아무리 분하더라도 참읍시다. 우리가 요구하는 것은 오직 자유뿐이요, 피를 갚자는 것이 아니니 깊이 생각해서 참읍시다."

관순은 간곡한 말로 외쳐 보았으나 그러나 그 죽은 이의 아내와 친족들이며 그밖에 여러 사람들은 물인지 불인지 모르고 달려들어 헌병대를 막 때려 부셨다. 이때에 군중의 형세는 자못 험하고 무서웠다.

11. 철천의 한

이때에 관순이 침묵 중에 있는 동안에 김구응, 조인원, 유중권 세 사람은 엄연히 나서서 한 구석에서 떨고 있는 소산과 화강에게 달려들어,

"네 소위[45]를 생각하면 너희 목을 베일 것이로되, 우리가 바라는 것이 오직 자유 독립뿐이요, 더러운 너희 목을 베고자 하는 것이 아니니 잠깐 너희 몸을 묶어 놓으련다."

하는 말이 마치기 전에 미친 듯 취한 듯한 여러 사람은 달려들어 소산의 총을 빼앗고 굵은 밧줄로 묶어 놓았다. 부하 헌병들은 헌병대 문간 옆방에 몰아넣고, 한편으로는 학생 이종성李種成의 동지 오륙 명이 이미 며칠 전에 이 운

45) 이미 해놓은 일이나 짓.

동을 하려고 계획하다가 불행히 발각되어 구금되어 있는 유치장을 깨뜨리고 그들을 구해내는 즈음이었다.

이때에 별안간 멀리서부터 총소리가 요란히 나며 자동차 소리가 들렸다. 천안읍에서 이 급보를 받고 달려오는 적의 구원병이었다. 그러자 이 총소리를 듣고 힘을 얻은 화강이 발딱 일어나서 군도를 휘두르고 나와서 맨 앞에서 있는 사람을 찔렀다. 그는 바로 김구응이었다. 이것을 본 조인원과 유중권은 달려들며 소리를 높여,

"이놈들 우리가 맨 주먹으로 정당히 자유를 찾을 뿐인데, 어찌 사람을 이렇게 죽이느냐?"

말도 채 마치기 전에 화강이 총을 쏘아 조인원은 어깨를 맞고, 유중권은 가슴을 맞아 쓰러졌다.

이 악착한 정상[46]을 본 이씨 부인(관순의 어머니)은 문득 이를 악물며 달려들어 화강을 움켜잡고 남편의 원수를 갚고야 말려고 하였다. 옆에 있던 소산이 이것을 보자, 서슴지 않고 권총을 들어 쏘아 이씨 부인을 쓰러뜨렸다.

이렇게 제 눈앞에서 아버지가 쓰러지고, 어머니가 쓰러져서 잠시 동안에 부모가 모두 죽는 것을 본 관순의 두

---

46) 감정과 생각을 아울러 이르는 말.

눈에서는 불이 났다. 와락 달려들면서,

"이놈들아, 나를 죽여라. 내 부모를 왜 죽이느냐? 이놈들 천하에 망할 놈들!"

하고 고함을 치니, 무도한 왜병은 군도로 관순의 옆구리를 쳐서 쓰러뜨렸다.

그러는 동안에 아들이 죽었다는 말을 들은 김구응의 어머니 최씨 부인은 지팡이를 들고 달려와서,

"내 아들의 원수를 갚고야 만다."

하고 미친 듯 소산에게 달려들면서,

"이놈아, 나두 죽여라, 나두 나두 죽여라."

하고 지팡이로 소산을 때리었다.

이때에 악독하고 무도한 소산이,

"죽여 버려라."

하고 소리를 지르자, 한 방 총소리에 백발노인 최씨 부인은 아들의 시체 위에 쓰러졌다.

그리고 수가 많고 무기를 가진 왜병은 살기가 등등하여 조금도 꺼림 없이 둘러싸고 있는 동포를 향하여 함부로 총질 칼질을 하였다.

그리하여 당장에 죽은 사람이 박상규, 전치관, 한상필,

유희천, 유중오, 윤태영, 이성하, 박병호, 신을우, 박유복, 박영학, 방치석, 박준규 등 십구 명이요, 가다가 중로에서 죽은 사람, 집에 가서 앓다 죽은 사람을 합하면, 모두 삼십여 명이요. 상처만 입은 사람은 그 수를 이루 다 알 수가 없으니, 붉은 피가 사방에 내를 이루고 피 비린내가 코를 찔렀다. 한참이나 이렇게 마음대로 학살을 하고 나서, 사건의 주도자로 수백 명을 잡아들이고 관순을 끌어다가 심문을 시작하였다.

왜병은 관순의 가슴에 총을 대고,

"이 사건의 관계자가 누구누구냐? 하나도 빼지 말고 말해라. 만일에 한 마디라도 거짓말을 하면, 너도 당장 죽일 터이니 그리 알고 바로 말해라."

관순은 조금도 무서워하지 않고 당황하는 빛조차 없이, 힘 있는 목소리로

"너희 놈들은 우리나라의 원수요, 내 원수다. 우리 부모를 죽이고 무죄한 백성을 저렇게 많이 죽이고, 이놈들 하늘이 무섭지 않으냐? 너희 같은 악독한 놈들은 하나님께서 심판을 하셔서 멸망을 받고야 말 것이다. 오냐, 내가 주모자니 다른 사람들은 다 놓아 주어라."

이렇게 담대 무쌍하게 호령을 하니 왜적은 기가 막히고 악이 받쳐서 별안간 관순의 머리채를 감아쥐고 발길로 함부로 걷어차고 총대머리로 막 두들겼다. 그래도 부족해서 칼로 젖가슴을 내리쳐서 유방이 상하여 온 몸이 피투성이 되고 마룻바닥에 붉은 피가 흘렀다. 관순은 그만 그 자리에 쓰러져 혼도[47]昏倒하고 말았다. 그런 것을 일으키고 대답을 재촉하였다.

"사실이다. 이 일은 처음부터 전부 내가 주장해서 한 일이니 다른 사람들은 다 내보내라."

그러나 왜병은 이 말을 곧이들을 리가 없다. 갖은 악형 갖은 고문을 다 하면서 심문을 계속하였다.

"이런 계집애가 이런 큰일을 한다는 것은 도무지 안 될 말이다. 설사 네가 나서서 일을 했다 하더라도 네 뒤에 너를 교축해서 시킨 사람이 있을 터이니, 바른 대로 말을 해라. 바른 대로 말을 아니 하면, 너도 죽고 남지 못할 터이니 애초에 바른 대로 말을 해라."

하고 더욱 위협을 하였다. 그러나 관순은 여전히 굴하지 아니하고 자기가 주모자라는 것을 끝까지 주장하였다.

---

47) 정신이 어지러워 넘어짐.

12. 독립만세의 화신

이 뒤로부터 아우내를 중심으로, 지령 일경[48]에는 다시 무서운 화가 미치게 되었다. 왜병들은 그런 참혹한 학살을 하고도 오히려 부족하여 관순의 집에 불을 질렀다.

헌병 수십 명이 패를 갈라 가지고 동네마다 집집이 호주와 장정 남자는 모조리 잡아다가 몹쓸 태형을 하기 시작하였다. 이 태형을 맞은 사람은 모두 수십 일씩 앓게 되었다. 그리하여 집집이 잡혀갈 때마다, 가면 다시 돌아오지는 못하리라 하여 울음소리에 산천이 진동하더니, 과연 매 맞아 죽고 못 돌아온 사람이 한두 사람이 아니었는데, 그 가운데 확실히 알려진 사람은 서병순徐丙舜이라는

48) 한 나라, 또는 어떤 곳을 중심으로 한 일부 지역.

청년이었다.

관순은 계속하여 혹독한 고문을 받으면서도 끝까지 굴하지 않고,

"주모자는 나니, 다른 사람은 다 놓아 주라."

고만 하므로, 병천 분견소에서는 관계자로 인정하는 조인원, 유도기, 유종무, 김상훈, 이백하, 김상철, 한동규, 김교선, 조병호, 조만형, 송문조, 박봉래, 백중운, 신씨 등 백여 명으로 더불어 천안 헌병대 본부로 넘어갔다.

천안 헌병대장도 역시 관순을 불러 세우고,

"그런 큰일을 어린 네가 조설했다는 것은 결코 안 될 말이다. 주모자를 바로 말하면 너는 곧 놓아 줄 터이니, 어서 바로 말해라."

이번에는 이렇게 달랬다. 이 말을 듣고 관순은 크게 노하여,

"나를 어떻게 알고 그런 말을 하는 거야. 내가 비록 나이는 어려도 하나님의 지시를 받은 사람이니 그보다 더 큰일이라도 할 수 있어."

하고 헌병대장을 노려보니 헌병대장은 껄껄 웃으면서,

"그러면 네가 여기서 당장 태극기를 그려 보아라."

하고 종이와 붓을 갖다 주었다. 관순은 서슴지 않고 태극기를 얼른 그려 놓았다.

헌병대장은 크게 놀라면서 깊이 동정을 하는 말이,

"관순아, 그러지 말고 너는 이번 일에는 관계없다고만 말하면 놓아줄 터이니 잘 생각해보아라."

하며 무한히 가엾게 여기는 모양이었다.

그러나 관순은 웃음을 띠고,

"당신의 뜻은 잘 알았소. 그렇지마는 내가 한 일을 안 했다고 하고, 그 책임을 남에게 넘긴다는 것은 당치도 않은 말이니 어서 당신들 마음대로 하고 다른 사람들은 속히 놓아 보내도록 하시오."

하고 말을 마치자, 별안간 안을 향하여 "대한 독립 만세"를 힘껏 불렀다. 그러자 안에 갇혀 있던 수백 명 동포들도 이에 응하여 같이 만세를 불렀다. 이에 헌병들은 놀라며 당황하여 관순을 끌어다가 가두었다.

그리하여 헌병대장도 관순을 심상치 않은 인물로 알고 이내 공주 재판소로 넘겨 버렸다.

그리하여 공주로 넘어온 관순은 검사국 유치장에서 오라버니를 만났다. 그 오라버니 관옥寬玉(지금은 우석)은 일찍이 영명학교 학생대표로 공주에서 만세운동을 하다가, 주모자로 음력 삼월 일일에 잡혀 온 것이었다. 뜻밖에 유치장에서 남매가 서로 만나 조선인 간수의 특별한 동정으로 잠깐 이야기를 하게 되었다.

관옥은 그 동생의 형용을 간신히 알아볼 수 있게 된 참혹한 양을 보고, 더욱 흰 옷을 입은 것을 보고 몹시 놀랐다. 그리고 관순도 오빠의 초췌한 모양을 보고 놀랐다.

"웬일이냐. 그런데 흰 옷은 왜 입었니?"

"오빠, 제가 주모자가 되어 만세를 부르다가 아버지 어머니가 다 총에 맞아 돌아가시고, 많은 동포가 죽고 제가 대표자로 잡혀 왔어요."

관옥은 이 말을 듣자 더욱 놀랐다. 두 주먹을 불끈 쥐고 왜병을 향하여 말없이 이를 갈며 돌아서매 눈물이 앞을 가리어 걷지를 못하였다. 관순도 이때에는 섧게 울었다.

관순은 검사국에서도 갖은 고문을 다 당하면서도 종내 굴하지 아니하여 감옥으로 끌려갔다. 수많은 동포가 감옥으로 끌려가는데 좌우편에는 헌병 보조원들이 몽둥이를 들고 따라가고, 그 뒤에는 일인 헌병들이 총에 칼을 꽂아가지고 가고, 장교들은 긴 칼을 빼어 메고 간간이 서서

가니, 그 기세와 위엄이 대단하였다. 그런 가운데도 관순은 머리가 약간 흐트러지고 맨발에 짚세기[49]를 끌고 태연히 걸어가며, 그 뒤에는 여러 관계자가 말없이 따라간다.

검사국에서 감옥까지는 상당히 먼데 중간에 한 큰 다리에 다 닿게 되었다. 그 양쪽에는 구경하고 있는 동포가 많았다. 거기에서는 왜병들이 더욱 엄하게 경계를 하는 모양이었다.

이때에 관순은 흔현히 좌우를 한 번 돌아보며,

"동포들이여! 만세를 부릅시다. 대한 독립 만세."

힘껏 목소리를 높여 만세를 불렀다.

이때에 그 옆에 일본도를 빼어들고 따라가던 장교 한 놈이 칼을 높이 들어 관순을 내리쳤다. 이것을 본 사람들은 "앗!" 소리를 치지 아니할 수 없었다. 그중에도 바로 그 옆에 섰던 홍이라는 보조원이 그만 놀라고 혼겁을 하며, 뒤로 나가 넘어지는 바람에 다리 밑에 떨어져 이내 죽고 말았다.

그러나 이 아슬아슬한 순간에 왜적의 칼은 관순의 어깨만 약간 스치고 지나가서 붉은 피가 좀 흘렀으나 관순

49) 짚신.

은 낮빛도 변치 아니하고 태연히 걸어 나아갔다. 아무리 무심 무도한 왜적의 칼이라도 우리 독립의 혼이요, 화신을 하나님의 허락이 없이 감히 그 생명을 해할 수 있으랴! 도리어 악독한 왜병들도 그 당당한 기백과 늠름한 담력에 깊이깊이 탄복하였다고 한다.

13. 충천의 의기

관순은 그 뒤에 곧 공주 재판소에서 재판을 받게 되었다. 검사가 칠 년 징역을 구형하니 관순이 크게 노하여,

"너희들이 무죄한 우리 부모님을 다 죽이고 오빠까지 가두고 무죄한 우리 동포를 무참히 죽였으니, 너희의 크나큰 죄는 하나님이 갚으실 것이다. 그리고 나는 대한 사람이다. 대한 사람인 내가 일본놈들에게 재판을 받을 필요가 없다. 따라서, 너희들은 나에게 죄를 줄 권리도 없다."

하고 끝끝내 재판을 거부하였다.

그러나 종내 5년 언도를 받고 서울 복심법원[50]으로 상

50) 일제강점기에 지방법원의 재판에 대한 공소 및 항고에 대하여 재판을 행

고하게 되었다.

서울로 호송하여 오는 관순은 오래 곤욕을 당하고 시달린 몸이건마는, 자동차 안에서도 기운이 하늘을 찌를 듯하여 동네나 여러 사람이 모인 곳을 당도하면 반드시 벌떡 일어나서 있는 목소리를 다하여 "대한 독립 만세"를 높이 불렀다.

그리하여 관순은 마침내 서울 복심법원에서 재판을 받게 되었다.

이때에도 관순은 역시 엄연한 태도로 말하였다.

"우리나라를 사랑하여 독립 만세를 부른 것이 무슨 죄란 말이냐? 그리고 내가 왜놈에게 재판을 받을 이유는 무엇이냐?"

하고 일본 관리의 재판을 거부하는 뜻을 당당히 말하니 검사는 크게 노하여,

"어린 계집년이 천황폐하 대리 앞에 무슨 건방진 소리야? 잠자코 있어! 너희 같은 것들이 독립이 무슨 독립이야?"

하던 곳. 고등법원보다는 아래이고 지방법원보다는 위에 해당하는 재판소로 서울, 평양, 대구에 있었다.

하고 상을 두드리며 소리를 지르자, 이 말을 들은 관순은 분을 참지 못하여

"무엇이 어쩌구 어째. 이놈아 독립이 무슨 독립?"

하고 거기에 있던 걸상을 들어 검사를 들이쳤다.

그리하여 재판장은 재판을 중지하고, 공판석에서는 모두 혀를 차며 놀라고 관순은 곧 끌려 나가니 잠시 법정은 수라장이 되었다.

그 결과로 마침내 판결 언도하는 날에 3년 징역의 판결을 받게 되었다. 그리고 그 관계자들도 다음과 같이 판결이 되었다.

조인원, 유중무 각 3년.

유도기, 김상훈, 조병호 각 2년 6개월.

이백하, 한동규, 조만형 각 2년.

김상철, 김교선, 박봉래, 백증운 각 1년 6개월.

송문조 1년.

신 씨는 특별히 석방되었다.

판결이 끝나자, 관계자들은 전부 공주 감옥으로 도로

내려 보내고 관순만은 유독이 서울 서대문 감옥으로 끌려가게 되어 어린 몸이 3년이라는 형기로 붉은 옷을 입고 징역을 살게 되었다.

그러나 관순은 조금도 비관하거나, 비겁한 기색이 없이 천연스러운 태도로 감방으로 들어가서 저녁밥도 안 먹고 기도를 하였다.

그날 밤이었다. 열시 취침 시간을 고할 때에, 관순은 벌떡 일어나서 창살에 몸을 내키면서, "대한 독립 만세"를 연해 세 번 불렀다. 그러자 다른 감방에서도 약속이나 한 듯이 일제히 만세를 불렀다. 의외 일에 놀란 간수장은, 관순을 사정없이 끌어내다가 발길로 걷어차고 채찍으로 막 갈겼다. 이렇게 모진 모욕과 악형을 당한 관순은 감방에 쓰러져서 밤이 깊도록 기도를 하였다.

"오! 하나님이시여! 하나님께서 이 원수를 갚아주시고 이 나라의 독립을 주시옵소서!"

이렇게 나라를 위하여 독립을 위하여 울며 울며 간절히 기도를 하였다.

이튿날 아침에 기상 호령이 나자, 관순은 또 어제와 같이 만세를 불렀다. 이번에는 어제보다 더 가혹하고 잔인

한 매를 맞고 욕을 당하였다.

그러나 관순은 거기에 조금도 굴하지 않고,

"너희 일본은 망하고 만다. 반드시 망하고야 만다."

하고 소리소리 질렀다.

이와 같이 하면서 매일 아침과 저녁으로 만세를 불렀다.

이때에 모교인 이화학당 선생으로 박인덕朴仁德이 서울 만세 사건으로 갇혀 있었다. 그 제자인 관순이 날마다 아침저녁으로 한결같이 만세를 부르고 갖은 악형을 받는 것이 하도 딱하고 가엾으므로, 한 번은 감방 문틈으로 가만히 내다보면서, 그러지 말라고 눈짓과 고갯짓으로 권하였다. 그랬더니 관순이 빙긋이 웃으면서, 염려 말라는 듯이 고개를 가만히 흔들었다.

한 번은 또 만세를 부르고 나서 매를 맞고 질질 끌려 들어와서 박 선생을 가만히 부르고 하는 말이,

"선생님, 저는 나라를 위하여 목숨을 바치기로 작정했어요. 우리 이천만 동포가 십 분의 일만 목숨을 바친다면 독립은 곧 될 것이에요."

하고 힘 있게 말하며 이어서,

"그런데 선생님, 내 동생은 불쌍한 동생들은 어찌 되

었을까요?"

하고 물어본다. 이때에는 눈물이 한 없이 쏟아졌다. 혹독한 고문 앞에서는 입술을 깨물어 피를 흘려가며 참던 그도 두 어린 동생이 부모와 집을 잃고 길거리에서 굶으며 헤맬 것을 생각할 때는 눈물을 아니 흘릴 수가 없었던 것이다.

관순은 나라를 사랑하는 마음이 넘치는 이만큼 사람을 사랑하는 정이 또한 유달리 강하였다.

그때 한 감방에 있는 젊은 부인이 어린애기를 데리고 있는데, 때마침 여러 날 음냉해서 기저귀를 말리지도 못하고 젖은 것을 그대로 채워 주는 것을 보고, 그렇게 하면 아이 위생에 해가 되니 말려서 채우라고 일러주었다. 그러나 그는 "볕이 나야 말리지." 하고 도리어 화를 내었다. 그러나 관순은 부드러운 말로,

"볕에 말릴 수가 없거든 당신 허리에 두르면 마를 것이니 그렇게 말리시오."

하고 어린이를 가르치고 이르듯이 친절히 타일러 주었건마는 그는 듣지 아니 하였다. 그래서 관순은 그 기저귀를 자기의 허리에 찼다가, 마른 뒤에 채워 주었다.

자기가 받은 밥을 관순은 번번이 옆에 있는 애기 어머니를 주어 먹게 하고 자기는 굶는 때가 많았다.

관순은 나라를 위하는 일이나, 한 방에 있는 어린애 생명을 생각하여서나 마찬가지로 자기 몸을 잊어버리는 사랑을 가졌다.

몇 푼 월급에 팔려서 원수 왜적의 종노릇을 하며 동포를 모욕하고 때리며 압박하는 간수의 정경이 하도 불쌍하여, 관순은 자기 감방을 지키는 최라는 간수를 위하여 기도를 하고 가끔 가끔 간곡한 말로 울면서 권하니, 마침내 그 간수는 감동이 되어 관순을 많이 동정하고 은근히 돌보아주다가 한 번은 만세까지 같이 불렀다. 이리하여 최간수는 종내 이 일이 발각되어 당장 왜적에게 자심한 악형을 당하고 쫓기어 나갔다.

14. 순국처녀의 최후

관순은 이 모양으로 날마다 혹독한 매를 맞는데다가, 식사를 변변히 하지 못하고 굶다시피 하므로, 날이 갈수록 몸은 쇠약하여지고 날마다 당하는 악형과 매는 더욱 심해갔다. 그가 당한 악형은 왜적이 일절 비밀에 부치므로 자세히 알 길이 없으나 악형을 하다하다 못해 나중에는 그 밥에다 모래와 쇳가루를 넣어 주었다.

이리하여 그는 이듬해 시월 어느 날(그날을 알 길이 없다)[51] 한 많은 이 세상을 떠났다.

포악무도한 왜국 관리는 그 시체를 몰래 처치하려고 하였다. 관순이 죽은 줄을 이틀이 지나서야 모교에서 비로

51) 훗날 기록에 따르면 9월 28일.

소 알고, 이화학당 교장 미스 프라이와 미스 월터 선생은 곧 전옥[52]을 찾아가 그 시체를 내어주기를 요구하였다. 그러나 감옥에서는 그 참혹하게 죽은 모양을 보면 다시 무슨 소동이 날까, 혹 외국 사람이 알아서 널리 세계에 알려지면 큰 문제가 될까 두려워하여 아무리 교섭을 하여도 끝끝내 거절을 하였다.

그리하여 나중에는 월터 선생이 다시 가서 만일에 기어이 내주지 아니하면 이 사실을 미국에 알게 하여 세계의 여론을 일으키겠다고 강경하게 말하니, 그제야 저들은 세계의 여론을 두려워하여 이 시체에 대한 사실은 절대로 세상에 알리지 아니하고, 장례는 극히 조용히 하여야 한다는 조건을 붙여서 단단히 다짐을 받고 마지못하여 내어주기로 하였다. 자기네끼리 오래 회의를 하고 재판소와 연락을 하고 하느라고, 그리고 세상의 이목을 꺼리어 날이 저물어서야 석유궤짝에 넣은 관순의 시체를 내어주므로 월터 선생은 이것을 맡아 가지고 학교로 돌아왔다.

학교로 돌아와서 비로소 그 시체를 담은 궤짝을 열어보고 모두 놀랐다. 시체는 여러 토막으로 끊겼는데, 온 몸

52) 교도소장의 옛말.

에 한 군데도 성한 데가 없이 상처가 가득 하였다. 그러나 그 얼굴에는 평화스럽고, 입술에 웃음을 띤 듯이 고이 잠든 양이 완연하였다.

평일에 관순을 사랑하고 아끼던 선생 몇 사람과, 친절하고 가까이 지내던 동무들이 손수 지은 흰 수의를 입히고, 교장 선생이 친히 성경 한 권을 가슴에 안기어 주고, 동무들이 양손에 꽃을 쥐어 주어 염습[53]을 마친 뒤에, 이튿날 새벽에 일찍이 정동 예배당으로 동무들의 손으로 고이 옮기어 모시고 고요히 엄숙한 장례식을 지냈다.

그리하여 조선의 혼으로 세계의 자랑 거리인 현대의 잔 다르크 유관순의 시체는 왜 경찰의 감시 하에 몇 동무가 뒤를 따르는 쓸쓸한 행상으로 이태원 공동묘지에 안장하였다.

이날 밤에 장례를 마치고 돌아온 동무들과 학교에 있던 동무들이 관순을 생각하고 울고 울고 언제까지 울었는지 밤이 새는 줄도 몰랐다.

---

53) 시신을 씻긴 뒤 수의를 갈아입히고 염포로 묶는 일.

관순의 시체는 장사하였으나 관순의 거룩한 정신은 이화의 많은 딸들의 피에 흐르고, 삼천만 동포의 피 속에 흘러서 영원히 빛나리로다.

(수선사, 1948. 3.)

유관순 연보

1902년 1세 12월 16일(음력 11월 17일) 충청남도 천안시 동남구 병천면 용두리(옛 지명은 충청남도 목천군 이동면 지령리)에서 아버지 유중권의 5남매 중 둘째딸로 태어났으며, 어머니는 이소제 여사이다.

1904년 2세 12월 7일 유관순의 바로 아래 남동생인 둘째 아들 유인석(柳仁錫)이 태어났다.

1905년 3세 유관순은 이 전후 시기부터 약 5~6세까지 탑원리에서 살았다는 증언이 있다.

11월 17일 소위 을사늑약이 체결되었다.

1906년 4세 같은 용두리의 조병옥이 영명소학교 4학년에 편입하였다.

2월 목천군 청년회에서는 민영환과 조병세 두 충정공에 대한 분향소를 설치하고, 이분들과 같이 순국한 분들을 위하여 군내 복귀정에 사당을 만들었다.

1907년 5세 7월 19일 광무황제는 일본의 압력에 의해 칙령을 발표하고 퇴위하였다.

4월부터 12월까지 국채보상운동이 전국에서 일어났다.

8월 '충남 목천 이동면 대지령 야소교당'의 이름으로 82명의 교인과 동리사람들이 국채보상운동에 참여하였다. 이 중에 조인원, 유중무(아들 유우석의 이름으로 참여한 것으로 보임), 유중권 등 3·1운동의 주역들이 이 운동에 참여하였다.

1908년 6세 **9월 27일** 목천군 기호흥학회가 출발했다. 목천군에서는 이 시기에 보명학교, 수신학교, 녹동학교, 진명학교, 장명학교, 명진학교, 병진학교와 그 후신 홍호학교 등 여러 학교가 설립되고 매우 활발하게 교육운동이 진행되었다. 지령리 유관순의 동리에서는 지령리예수교회에서 진명(명진)학교를 설립하였다.

1909년 7세 **6월 12일** 충북 진천의 다섯 개 학교와 병천학교가 연합운동회를 열었다.

1910년 8세 이복언니 이계출이 시집가다. 사촌 유경석이 공주 영명학교 보통과에 입학하고, 조병옥이 평양 숭실학교 입학했다.

8월 29일 일본이 대한제국을 강제 병합하다.

1911년 9세 막내 남동생 유관석(柳冠錫)이 1911년 1월 10일 태어났다.

1912년 10세 오빠 유우석이 진주 유(柳)씨와 결혼했다. 사촌 유경석이 공주 영명학교 고등과에 입학하였다. 조병옥은 배재전문학교에 입학하였다.

1913년 11세 **5월 27일** 유우석의 어린 신부 유씨가 전염병에 걸린 친정부모를 간호하다 전염되어 사망하였다.

1914년 12세 **6월 6일** 지방행정구역이 개편되어 목천군, 직산군이 천안군에 통합되고, 면리에 큰 변화가 있었다. 조병옥이 미국 유학을 떠나다. 그는 『신한민보』 3월 14일자에 「독립의 희망봉」이란 글을 기고했다.

7월 28일 제1차 세계대전이 발발하였다.

1915년 13세 **4월 1일** 유관순이 이화학당 보통과 2학년으로 편입하였다.

1916년 14세 오빠 유우석이 공주 영명학교에 입학하였다.

4월 3일 사촌 유경석(유중무의 장남)이 영명학교 출신의 노마리아와 결혼하였다.

1917년 15세 유경석과 노마리아 사이에 조카 유제경이 출생하다. 유관순은 조카를 위해 뜨개질로 모자를 만들어 선물했다.

1918년 16세 **3월 18일** 유관순이 이화학당 보통과를 졸업하였다.

4월 1일 이화여자고등보통학교 1학년에 진학하였다.

11월 11일 4년간의 제1차 세계대전이 끝났다.

1919년 17세 **3월 1일** 3·1운동이 발발하였다. 유관순은 학교 담을 넘어 서울 시위운동에 참여하고 학교로 돌아왔다.

3월 3일 광무황제 국장례가 거행되었다. 이날은 시위가 자제되었다.

3월 5일 서울에서 학생단 시위운동이 일어났다. 유관순은 이화학당 친구들과 함께 이 시위운동에 참여했다가 경무총

감부에 붙잡혔다 풀려났다.

3월 10일 각급 학교에 휴교령이 내렸다.

3월 13일 서울에서 기차를 타고 고향 천안으로 왔다. 유예도는 이 때 학교 선배그룹으로부터 독립운동 자금모금의 사명을 받았다고 하였다.

3월 14~31일 유관순은 아우내 장터 만세시위운동을 준비하였다. 머리에 수건을 쓰고 각 마을을 다니면서 시위운동 참여를 권유하였다.

3월 31일 유관순, 매봉산에 봉화를 올렸다.

4월 1일 아우내 만세시위 발발하다. 아버지 유중권, 어머니 이소제, 숙부 유중무, 속장 조인원과 함께 시위를 주도하였다. 오빠 유우석은 공주에서 시위운동에 참여하다 부상당해 붙잡혔다.

5월 9일 유관순은 공주법원에서 5년형을 받았다.

6월 유관순과 아우내 만세 주역들이 경성복심법원에 항소하였다. 이에 따라 유관순과 이들은 서대문 감옥에 수감되었다.

6월 30일 유관순은 경성 복심법원 재판에서 3년형을 언도받았다. 유관순은 상고를 포기하였다. 다른 사람들은 고등법원에 상고하였다.

8월 29일 유우석은 공주법원에서 징역 6월에 집행유예 2년을 선고받았다.

9월 11일 유관순을 제외한 병천과 수신.성남지역 시위 주도자들의 상고가 고등법원에서 각각 기각되었다.

1920년 18세 **3월 1일** 오후 2시, 유관순이 서대문 감옥에서 옥중 만세시위를 주도하였다.

9월 28일 오전 8시 20분 모진 고문에 의한 방광 파열로 서울 서대문 감옥에서 순국했다.

10월 12일 이화학당에서 유관순의 시신을 인수하여 수의를 해 입혔다.

10월 14일 정동교회에서 김종우 목사 집례로 유관순의 장례식이 거행되어 이태원 공동묘지에 안장되었다.

1947년 유관순 열사 기념사업회 결성.

1951년 순국의열사 심사위원회에서 순국의열사 선정.

1962년 건국훈장 독립장 추서.

1972년 천안시 병천면 탑원리에 추모각 건립.

1974년 서울 이화여자고등학교에 유관순기념관 준공.

1991년 고향인 천안시 병천면 용두리에 생가 복원.

1996년 이화여자고등학교 명예졸업장 추서.

천안시 유관순열사기념관 홈페이지에 정리되어 있는 연보를 편집부에서 재정리하였다.(http://www.cheonan.go.kr/EgovPageLink.do?ink=/yugwansun/sub/sub02/sub_01)

해설 : 순국처녀 유관순전

2014년은 유관순 열사(1902~1920)에게 '수난의 해'였다. 봄 학기부터 새로 사용하는 고교 한국사 교과서 8종 가운데 4종에서 뚜렷한 이유 없이 유관순을 전혀 다루지 않았다. 해당 교과서는 주로 우리 근현대사를 다루고 있는 터라 유관순을 배제한 것은 납득할 수 없었다. 젊은 세대들이 우리 역사를 잘 모른다는 개탄이 나온 지 오래다. 이런 교과서로 역사를 배운다면 미래 세대들은 유관순을 모른 채 학교 문을 나설 수도 있는 일이었다.

해당 교과서들은 그대로 인쇄되고 일선 학교에 배포됐다. 이 나라 역사교육이 도대체 어디로 가고 있는 것인지 답답하기 짝이 없었다. 그러던 중 교과서가 왜 유관순을 다루지 않았는지를 짐작할 수 있는 의외의 사태가 벌어졌다. 2014년 8월 교육부 주최로 열린 한 토론회에서 춘천교대 김정인 교수가 "친일 경력이 있는 박인덕이 해방 후 유관순을 발굴해 이화학당 출신의 영웅으로 만들었다는 연구 성과가 있어 교과서에 기술하지 않은 것"이라고 밝힌 것이다.

유관순은 3 · 1운동 당시만 해도 잘 알려지지 않았던 인물이었다. 그도 그럴 것이 일제는 유관순의 존재를 결코 드러내고 싶어하지 않았다. 유관순이 순국한 뒤 20년 이상 식민통치가 계속되면서 유관순은 우리 민족의 뇌리에서 잊혀졌다. 그렇게 1945년 광복이 오고 그 즈음 누군가에 의해 유관순의 항일활동이 소개됐다. 오늘날 우리가 유관순에게 깊은 존경심을 갖게 된 것도 이때부터였다. 현재의 교과서 집필자들은 그 과정에 '친일 인사'가 개입되어 있다는 이유로 유관순에 대해 부정적 반응을 보여왔음이 김정인 교수의 발언으로 밝혀졌다.

한국사 교과서들은 이른바 좌편향 논란에 휩싸여 왔다. 역사 기술記述에서 객관성을 잃고 있다는 지적이다. 교과서뿐 아니라 집필자들을 포함한 국사학계도 비슷한 비판을 받고 있다. 김정인 교수는 교과서 집필자들과 상당 부분 보조를 같이 해왔다. 그의 발언이 국사학계의 분위기를 반영하고 있다는 강한 심증을 지울 수 없었다. 이 문제는 사회적으로 큰 파장을 일으켰다.

늘봄 전영택 선생이 쓴『순국처녀 유관순 전』은 이런 논란 속에서 유관순 발굴과 관련된 진실이 무엇인지를 증언하고 있다. 전영택 선생은 이 책의 서문에 '이러한 것(유관순의 순국)을 해방 후에 비로소 발견한 우리는 하루 바삐 우리 삼천만 동포에게 알리고 싶었다.'고 썼다. 이 책의 서문은 쓴 시점이 1948년 5월 5일이므로 이전에 유관순이 이미 알려져 있었음을 보여준다.

이 책보다 앞선 동아일보 1947년 12월 5일자에는 충남 병천에서 유관순기념사업회 주관으로 유관순 기념비 제막식이 열렸다고 전하고 있다. 각계 명사와 학생 등 수만 명의 인파가 행사장에 몰렸다고 한다. 전부터 유관순의 순국에 많은 이들이 감명을 받아 제막식이 큰 성황을 이뤘던 것이다.

또 다른 자료도 있다. 연세대 교수를 지낸 국문학자 박창해 씨가 2006년에 남긴 회고문이다. 박 씨는 해방 직후 문교부(현재의 교육부) 편수관으로 일했다. 중년 이상의 세대들이 배웠던 철수와 영희가 등장하는 초등학교 교과서를 만든 사람이다. 교과서를 만들 때 그의 직속상관은 전영택이었다. 전영택과 박창해는 어느 날 교과서에 어떤 내용을 넣을지 고민하다가 "우리 여성 가운데 프랑스의 잔 다르크 같은 인물을 찾아 소개하자."는 아이디어를 냈다고 한다. 박창해 씨는 3 · 1운동 때 이화학당 학생들이 맹활약을 했다는 사실이 생각나 무작정 이화학당의 후신인 이화여고를 찾아간다. 그가 만난 이화여고 관계자들은 3 · 1운동 시위에 참여한 이화학당 학생들이 200여 명에 달하기 때문에 누구를 내세워야 할지 모르겠다는 반응을 얻었다. 실마리를 푼 사람은 같은 문교부에 근무하는 유제한 씨였다. 유관순의 친척인 그는 교과서 집필자들이 한국의 잔 다르크를 찾는다는 말을 전해 듣고 "집안에 3 · 1운동 때 옥살이를 한 이화학당 학생이 있었다."고 제보했다. 전영택 선생 등은 매우 반가웠을 것이다. 박창해 씨의 회고문에는 '유제한 씨의 증언을 토대로 학생들을 위한 교재를 만들었다.'고 적혀 있으나 그 교재는 아직 발견되지 않고 있다.

여러 증언을 바탕으로 유관순의 발굴 과정을 재구성해

보면 해방 직후 문교부가 새로운 국가정체성을 담은 교과서를 만들면서 한국의 잔 다르크를 찾으려 했고 마침 유관순의 친척이 나타나 비로소 유관순이 세상에 알려지게 됐다. 이 과정에서 박인덕이라는 사람도 "유관순과 같이 감옥에 있었다."고 증언했을 것이다. 지도층과 지식인들 사이에 여론이 확산되면서 유관순기념사업회가 구성되고 1947년 병천에 기념비가 세워졌다. 1948년에는 전영택이 일반 국민들에게 널리 알리려는 목적으로 『순국처녀 유관순전』을 썼다. 이 전기를 텍스트로 해서 유관순 영화가 잇따라 만들어졌다. 따라서 유관순 발굴에 가장 큰 역할을 한 인사는 전영택으로 보는 것이 타당하다. 『순국처녀 유관순전』은 지식인계층을 넘어 모두에게 유관순을 알리는 기폭제 역할을 했다.

학계 일각에서 친일 인사가 유관순을 발굴했다고 주장하는 것은 전체적인 진실도 아닐 뿐 더러 그런 측면이 일부 있었더라도 우리 사회가 유관순의 업적을 외면하고 교과서에서 제외하는 구실은 될 수 없다. 1947년 기념비 제막식 때 민족지도자이자 항일 투쟁의 선봉에 섰던 김구 이시영 선생은 대리인을 행사장으로 보내 축하 연설을 했다.(동아일보, 1947.12.5) 이때 벌써 유관순은 우리 민족의 영웅으로 부각되어 있었다.

이 책이 다시 출간된다는 소식에 사필귀정事必歸正이라는 말을 떠올렸다. 모든 일은 반드시 옳은 쪽으로 귀결된다는 뜻이다. 유관순을 빼버린 교과서가 잘못됐다는 여론이 비등하자 2014년 11월 해당 교과서 출판사들은 2015년 사용하는 교과서부터 유관순을 기술하기로 했다. 늦었지만 다행한 일이다. 그동안 사회적 논란 속에서 유관순의 업적이 다시 한 번 부각된 것도 소득이라면 소득이었다. 여러 자료들이 공개되면서 유관순의 업적은 우리 역사에서 지울 수 없는 것임이 명백히 드러났다. 이 책의 가치도 앞으로 계속 빛을 발할 것을 굳게 믿는다.

2015년 2월

홍찬식 (동아일보 수석논설위원)